Kia Vahland

FARBE BEKENNEN

Alte Bilder, neue Zeiten

Mit zahlreichen Abbildungen

Insel Verlag

Insel-Bücherei Nr. 1528

FARBE BEKENNEN

INHALT

VORWORT

Klimawandel, eine Pandemie, der Wettstreit zwischen Demokratien und Diktaturen, Krieg in Europa, Inflation: Die frühen Zwanzigerjahre des 21. Jahrhunderts sind Jahre der Krise und des Wandels. Neu, unvorhergesehen sind die Ereignisse; weit weg scheinen die Erfahrungen von Menschen zu sein, die vor oder kurz nach der Industrialisierung lebten.

Das alte Wissen lässt sich nicht einfach auf die Gegenwart und Zukunft übertragen. Unnütz aber ist es nicht. Auch frühere Generationen mussten mit extremen Erlebnissen und Gefühlen von Angst, Verzweiflung, Unsicherheit umgehen, auch sie suchten Wege, nicht aufzugeben, weder sich selbst noch den Glauben an das Allgemeinmenschliche und die Schönheit im Alltag. Wir Zeitgenossen haben unsere ganz speziellen Sorgen, doch alleine sind wir mit ihnen nicht.

Die besten Künstlerinnen und Künstler fanden Antworten auf die Zustände ihrer Epoche, die weit über ihre Zeit hinausweisen. Sie wollten nicht nur abbilden, sondern auch verstehen, interpretieren und manchmal Lösungen entdecken. Oft ging es ihnen darum, ihr Selbstverständnis zu retten vor den Zumutungen einer unfreundlichen Welt. Und so haben sie Anleitungen zur Selbstbehauptung hinterlassen, Ermutigungen, für die eigenen Ansichten und

Eindrücke einzustehen. Sie bekennen Farbe: Peter Paul Rubens, Artemisia Gentileschi und Pablo Picasso stellen sich auf die Seite der Opfer von Krieg und Gewalt. Wassily Kandinsky und Charlotte Salomon verteidigen die Lebenslust. Raffael und Kasimir Malewitsch trotzen Gewaltherrschern. Rembrandt und Lotte Laserstein setzen auf solidarische Gemeinschaften. Leonardo da Vinci und Tizian preisen den weiblichen Stolz. Und Jan Vermeer und Giorgione (oder sein Nachfolger) vertrauen auf das Gute im Kleinen.

Es ist ein tiefer Humanismus, der die Werke dieser in verschiedenen Ländern und Epochen geborenen Künstlerinnen und Künstler verbindet. Sie bemalten Leinwände, Tafeln, Papier und schufen Objekte, die früh als außergewöhnlich galten und deshalb noch heute in Museen oder Kirchen hängen. Diejenigen aber, die auf diesen Werken abgebildet sind, waren keine Objekte, sondern denkende, fühlende, agierende Menschen. Und so treten die Figuren den Betrachtenden aufmerksam gegenüber, schauen sie manchmal direkt an, scheinen gegenwärtig zu sein, obwohl sie das doch gar nicht sind.

Begreifen kann man Gemälde am besten, wenn man ihre Geschichten kennt, um die Umstände ihrer Entstehung weiß und die Absichten der Malerinnen und Maler. Von diesen Bildgeschichten handelt das Buch. Phänomene der Gegenwart lassen sich mit jenen von damals nicht gleichsetzen, wohl aber bleiben gute Bilder offen für verschiedene Assoziationen. So handelt dieser Band auch von den Geschichten unserer Zeit: von Russlands Angriffskrieg gegen die Ukraine, den sozialen Folgen der Corona-Krise, von aktuellen Emanzipationskämpfen, dem Medienwandel, den rasanten Veränderungen der frühen 2020er Jahre. Es geht um gutes Leben, Wohnen und Feiern, um kollektive Resilienz und das Hoffen und Handeln. Denn gerade die historische Distanz zwischen uns und den alten Bildern kann helfen, einen Schritt zurückzutreten und die Gegenwart klarer zu sehen und sie zu gestalten.

Diesem Buch ging der 2018 in der Insel-Bücherei erschienene Band Ansichtssachen. Alte Bilder, neue Zeiten *voraus. Die vorliegenden Texte basieren auf einer Kolumne im Schweizer Magazin* Republik. *Weitere Bildergeschichten sind sonntagmorgens alle 14 Tage auf Radio Bremen Zwei zu hören.*

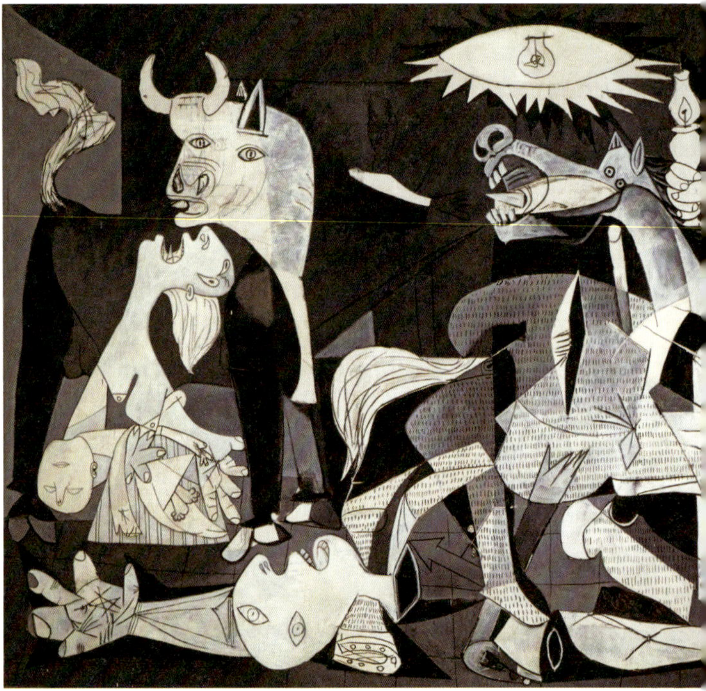

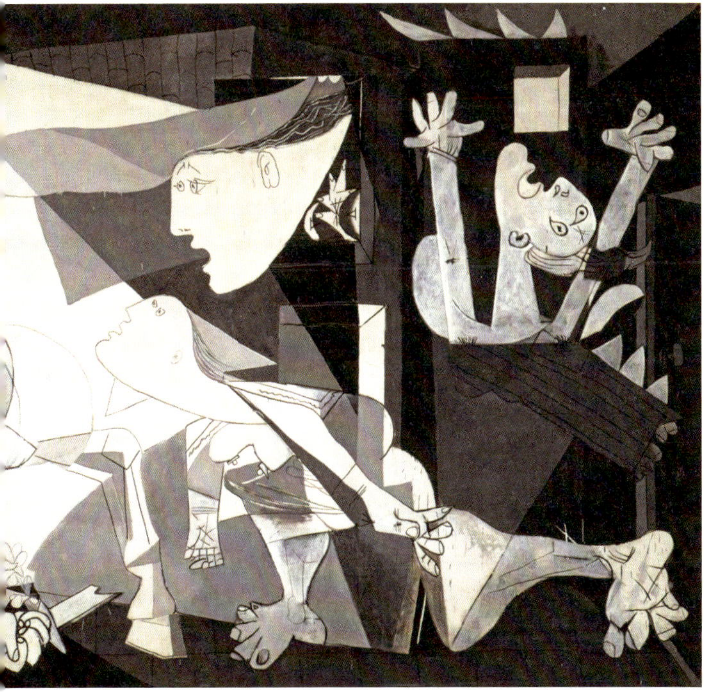

Pablo Picasso: »Guernica«, 1937, Museo Nacional Centro de Arte Reina Sofia, Madrid

DAS BILD VOM KRIEG

Wer keinen Krieg erlebt hat, kann sich die Gewalt und das Grauen nur schwer vorstellen. 1937 gelang es Pablo Picasso mit »Guernica«, die Weltöffentlichkeit aufzurütteln, den Schrecken des Spanischen Bürgerkrieges spürbar zu machen.

Wie weit reicht das Vorstellungsvermögen? Was vermag sich jemand auszumalen, der in Zürich oder Hamburg einen Alltag hat, ins Büro fährt und abends wieder die Haustür aufschließt im Vertrauen darauf, dass in der eigenen Wohnung alles an seinem Platz sein wird? Lässt es sich nachempfinden, wie es in den ersten Tagen des russischen Angriffskrieges gegen die Ukraine den Übernächtigten in den Kiewer U-Bahn-Schächten ging, welchen Lebensmut das Orchester der Stadt aufbrachte, um während der Luftangriffe auf dem Maidan zu spielen? Was es bedeutet, vor lauter Durst Wasser aus den Heizkörpern zu trinken, wie dies aus der Belagerung Mariupols überliefert wurde?

An Kriege, an Bilder der Gewalt haben sich die Bürger der Wohlstandsländer im Laufe der Jahre gewöhnt. Nur ab und an drang eine Fotografie durch die empathiesicheren Westen: die des syrischen Flüchtlingsjungen Aylan Kurdi etwa, dessen Leichnam im Herbst 2015 an der türkischen Küste lag. Plötzlich entdeckten die Europäer, die doch von all den anderen Toten im Mittelmeer wussten, ihr Entsetzen. Und sie fühlten sich mit dem eigenen Mitgefühl mitunter recht wohl. Für die Betroffenen änderte sich dadurch nichts.

Diesmal war es anders. Eine Großmacht überfiel im Februar 2022 einen Flächenstaat, der vielfältige Handels-, Familien- und Freundesbeziehungen mit Resteuropa unterhält. Die Attacke galt nicht nur der Ukraine, sondern auch den Prinzipien der Staatensouveränität und der freiheitlichen Demokratie.

Dass der Rest der Welt von Anfang an auch emotional involviert war, hat auch mit dem Medienwandel zu tun, damit, dass dieser Krieg in Echtzeit vor Ort in sehr viele Smartphones eingespeist wurde und sofort auf sehr vielen anderen Smartphones überall auf der Welt erschien. Morgens nach dem Aufwachen, in der Mittagspause, nachts, wenn man nur kurz auf die Uhr schauen wollte und dann doch beim sozialen Netzwerk Twitter landete. Der Krieg war da, und seine Opfer berichteten diesmal selbst, was das bedeutete. Der ukrainische Präsident Wolodimir Selenskij und sein Team, aber auch Frauen und Männer aus der ukrainischen Bevölkerung sprachen nicht nur einander Mut zu, sie richteten ihre Appelle auch ganz direkt an das Publikum im Westen. Und nahmen ihr Schicksal so auch medial in die eigenen Hände.

Es gab schon einmal einen Krieg, dessen Bilder in die Wohnzimmer der Nichtbeteiligten vordrangen. Die Fotografien und Berichte, die ab 1936 aus dem Spanischen Bürgerkrieg in Paris, London und New York eintrafen, waren verstörend neu. Damals waren es angereiste Reporter und Fotografinnen, die umkämpfte Städte und Dörfer besuchten. Etliche ergriffen Partei für die gewählte republikanische Regierung, die von den Militärs um General Franco mithilfe deutscher und italienischer Faschisten bekriegt wurde. Die Medienleute publizierten Heldenposen und ebenso Bilder der Ausgebombten, Verletzten, Bangenden und Toten. Diese schockierten Zeitungs- und Magazinleserinnen im Ausland auch deshalb so, weil die Regierungen des freien Westens sich in den Konflikt nicht einmischen wollten (obwohl sie das, anders als später im Atomzeitalter, zu diesem Zeitpunkt noch ohne hohes eigenes Risiko gekonnt hätten).

Am 28. April 1937 erreichte die Nachricht Paris, dass deutsche Flieger zwei Tage zuvor den baskischen Ort Guernica mit Bomben und Brandsätzen zerstört und zahlreiche Bewohner getötet oder verwundet hatten. Fassungslosigkeit machte sich breit und Wut auf die eigene Hilflosigkeit. Einer aber reagierte umgehend: Pablo Picasso. Der Spanier zog sich in sein Atelier unweit der Seine zurück, rauchte Kette, entwarf und verwarf Ideen im Furor. Schließlich stand seine Antwort an General Franco im Raum. Dreieinhalb Meter hoch und fast acht Meter breit konfrontiert Picassos Gemälde Betrachterinnen mit dem Schrecken dieses Krieges und aller Kriege.

»Guernica« ist in dunklen Grautönen gehalten, als wolle die Leinwand Trauer tragen. Bei einem so schwarzweißen Bild mussten die Menschen damals sofort an Pressefotografien denken, und tatsächlich formuliert der Maler hier einen quasi dokumentarischen Anspruch. Er war nicht dabei, als die Dächer in Guernica unter deutschen Bomben einstürzten, aber er zeigt der Welt, was so ein Überfall bedeutet.

Todesangst fließt aus verlorenen Augenpaaren, die vor Schreck kaum weinen können. Eine Mutter mit einem toten Baby in den Armen will schreien, ihre spitze Zunge reckt sich dem Himmel entgegen, von dem nichts zu erhoffen ist. Auch der traurige Stier, der sich an sie schmiegt, kann sie nicht beschützen. Am Boden liegt ein Mann und stirbt, seine Faust greift noch die zerborstene Waffe, sein Körper aber ist schon in einzelne Teile zersprungen. Vielleicht hat er zuvor das verletzte Pferd geritten, das über ihm in Panik ausbricht, erhellt von einer schwachen Deckenlampe.

Rechts verbrennt ein Haus und auch eine Frau. Eine andere kniet und klagt. Sie wenigstens könnte einmal Kunde geben von dem, was hier geschieht – gemeinsam mit dem großen Kopf, der sich von außen durch ein Fenster reckt und sich nicht scheut, alles genau wahrzunehmen. Zu ihm gehört eine Öllampe, die ein starker Arm hineinträgt in das Drama, als wolle er die Not ans Licht bringen und wie die Freiheitsstatue von New York die Hoffnung auf bessere Zeiten hochhalten.

Die Gepeinigten drücken ihr Leid nach Kräften aus – aber sie brauchen auch jene, die sie anhören und anblicken. Picassos Bild will nicht einfach nur das Elend der Welt vorführen, um Betrachter zu deren eigener Genugtuung zu rühren. Es ist auch eine Handlungsaufforderung an Außenstehende. Der Maler zielte darauf, dass sich die Leute wirklich vorstellen, wie sich Krieg anfühlt, und dann ihre Konsequenzen daraus ziehen.

Ausgestellt wurde das Werk erstmals im spanischen Pavillon der Weltausstellung 1937 in Paris. Es war nicht unbedingt das, was sich die spanische Regierung dort vorgestellt hatte – zu wenig heroisch, zu avantgardistisch in der Bildsprache kam diese Anklage in ihren Augen daher. Doch die deutschen Nazis und die spanischen Putschisten schäumten, und vor allem sorgte das Gemälde in der westlichen Öffentlichkeit dafür, dass die Gräueltaten der europäischen Faschisten nicht gleich wieder vergessen wurden.

Solange Franco nach seinem Sieg über die Republik Spanien regierte, war das Bild auf Picassos Geheiß nicht in dem Land zu sehen. Heute gehört das – durch die vielen frühen Reisen stark beschädigte – Werk dem Museo Reina Sofia in Madrid. Und im Gebäude der Vereinten Nationen in New York hängt ein großer Wandteppich mit dem Motiv. An Kraft hat es nicht verloren. Als die USA 2003 den Irakkrieg begannen, ließ ihr damaliger Außenminister Colin Powell den Teppich abhängen, bevor er sich in dem Raum erklärte. Ein totes Kind, ein panisches Pferd, ein brennendes Haus zum Kriegsauftakt, das hätte Fragen aufkommen lassen.

Mediennutzern bleibt heute nur, unter den vielen aktuellen Kriegsbildern zu trennen zwischen Fakes und Dokumentarischem, Propaganda und Momentaufnahmen, die eine Ahnung vermitteln von der Lage vor Ort. Sich berühren, aber nicht manipulieren zu lassen, sich einzulassen auf die bedrückende Lebenswelt der anderen, ohne sie mit der eigenen zu verwechseln. Hinschauen, aushalten, vielleicht einen helfenden Arm anbieten und die Öllampe einer gemeinsamen Zukunft weiter aufrecht halten.

Literatur:
Karen Fromm, Sophia Greiff, Anna Stemmler (Hg.), *Images in Conflict*, Jonas Verlag, Kromsdorf/Weimar 2018.
Werner Spies, *Picasso. Die Zeit nach Guernica* 1937-1973, Hatje Cantz Verlag, Ostfildern 1993.

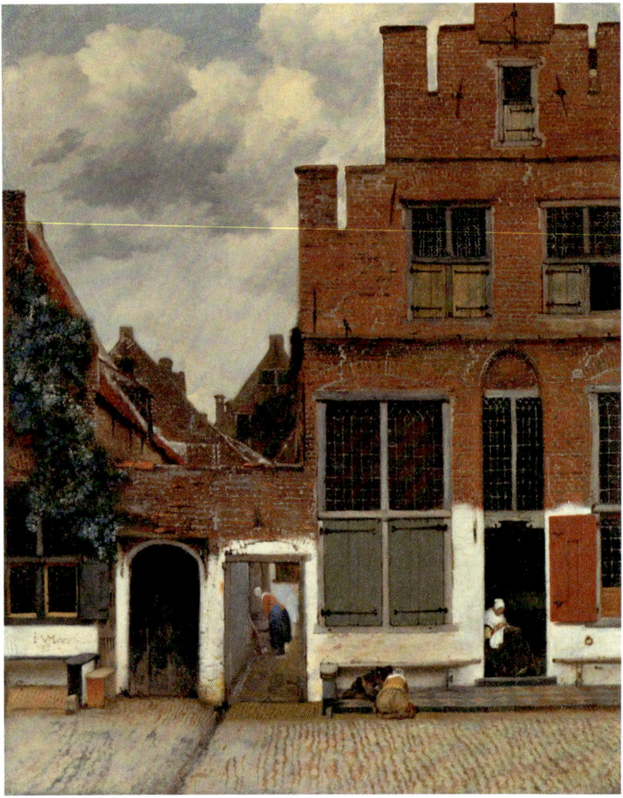

Jan Vermeer: »Straße in Delft (Kleine Straße)«, um 1658, Rijksmuseum, Amsterdam

Gegen die urbane Ödnis

Die alte europäische Stadt lebte vom Prinzip der guten Nachbarschaft. Wie das Private und das Soziale zusammengehen können, zeigt ein Gemälde des Niederländers Jan Vermeer.

Die europäische Stadt ist von der Mitte aus gedacht. Kirche, Rathaus, Marktplatz bilden das Herz, Stadtmauern definieren die Grenzen zum Umland. Fußdistanz ist das Grundprinzip, Außenbezirke kamen erst nach und nach dazu.

In der Nachkriegszeit haben Planer und Politikerinnen nicht nur in den kriegszerstörten Städten dann aber alles auf den Autoverkehr ausgerichtet. Ringstraßen zerteilen historisch gewachsene Viertel, Grünflächen sind Parkplätzen gewichen. Und die Ränder der Stadt zerfransen in Vorstädten mit Einfamilienhäusern für Menschen, die dann wieder mit dem Auto ins Büro, zum Baumarkt und zum Klavierunterricht fahren. Das politische, soziale und ökonomische Leben, für das der Dreiklang aus Rathaus, Kirche und Marktplatz einst stand, findet anderswo statt.

Und die Zentren? Ihre Probleme haben sich in der Pandemie vielerorts verschärft. Die Leute wurden die überall gleichen Bekleidungsgeschäfte und Drogerieketten leid, bestellten im Internet oder besuchten lieber die verbliebenen Läden in ihren Wohnvierteln. In der Corona-Zeit offenbarte sich die ganze Sinnkrise etlicher europäischer

Innenstädte abseits der touristischen Ballungsgebiete. Die gnadenlose Kommerzialisierung der Zentren hat zu horrenden Mietpreisen und noch horrenderer Langeweile geführt; der öffentliche Raum, gerade auch im Freien, ist zu selten Treffpunkt, zu oft dagegen lieblos gestalteter Passierweg.

Es gibt Ideen, das zu ändern. In die Etagen über den Läden könnten Co-Working-Spaces, Sportanlagen und Groß-WGs einziehen, Künstler könnten ihre Ateliers und Proberäume in aufgegebenen Kaufhäusern einrichten, man könnte die Fußgängerzonen begrünen und mit mehr Brunnen, Bänken, Bühnen ausstatten. Für all das müssten Kommunen sich engagieren und Prioritäten neu definieren, und auch Händlerinnen müssten einsehen, dass ihre über Jahrzehnte gepflegte Monokultur des Konsums nicht einmal ihnen selbst dient. Diversität wäre das Ziel und gute Nachbarschaft.

Das gilt auch für die Stadtviertel. Wohnblocks aus den Zwanzigerjahren wurden vielerorts in Deutschland um üppig bewachsene, gemeinschaftlich genutzte Innenhöfe angelegt. In der Nachkriegszeit wechselten sich dann die Betonmoden der Investorenarchitektur ab. Soziale Räume schwanden ebenso wie Minibiotope für Vögel, Bienen und Eichhörnchen. In Zeiten des Klimawandels ist das fatal; die Städte heizen heute zu sehr auf, Starkregen wiederum kann nicht versickern. Und sowohl in den *gated communities* der Reichen als auch in den Hochhäusern der Ärmeren macht sich drückende Isolation breit.

Für alle, die nach urbanen Visionen in Zeiten von Flächen- und Wohnungsmangel suchen, lohnt ein Blick zurück in die alten europäischen Städte, in denen die Menschen ihr Leben auf viel engerem Raum zu organisieren hatten. Tischler und Schmiede werkelten unter den Schlafräumen, Kinder verwandelten Straßen in Spielplätze, Hausfrauen machten gemeinsam die Wäsche. Das war nicht konfliktfrei, langweilig aber auch nicht.

Wie der städtische Alltag einmal aussehen konnte, zeigt ein um 1658 entstandenes Gemälde des Niederländers Jan Vermeer, das sich seit 1921 im Amsterdamer Rijksmuseum befindet. Vermeer malte nicht die ikonischen Gebäude seiner Heimatstadt Delft, sondern – frei interpretiert – die Gasse seiner Tante, gelegen in einem Kleine-Leute-Viertel. Es handelt sich um die Vlamingstraat 40-42, wie ein Abgleich mit den Breitenangaben von Häusern und Hofeingängen in einem alten Register der Stadt ergab.

Erst wenige Jahre bevor das Gemälde entstand, hatte eine Explosion Teile der Stadt zerstört. Der Künstler zeigt nun nicht die Katastrophe, sondern das, was so ein Unglück vernichten kann: Backsteinbauten mit den typischen Fensterläden im Erdgeschoss, die innen rot, außen grün sind. Efeu, der eine schon verwitterte Fassade hochklettert. Kinder, die auf dem Bürgersteig vor einem Haus herumtollen. Eine Frau, die ihre Handarbeiten auf der Türschwelle verrichtet und so den Schutz des Innenraumes mit dem Licht und dem Leben der Straße zu kombinieren versteht.

Überhaupt wechseln sich auf dem Bild Rückzugsorte

und Durchsichten ab. Der eine Hofzugang ist verschlossen, der andere gibt den Blick frei auf eine Bewohnerin im blauen Rock, die für Ordnung sorgt – vermutlich säubert sie die Abwasserrinne, die nach vorne auf die Straße zuläuft. In diesem Eingang zum Hof hatte Vermeer zuerst eine weitere Figur platziert, sie dann aber wohl deshalb übermalt, weil sie den Blick nach hinten versperrt hätte. Ihn reizte offensichtlich gerade das Zusammenspiel von Ein- und Ausblicken.

Es passiert nicht allzu viel auf dem kleinen Gemälde, genau diese Beiläufigkeit macht es so ungewöhnlich. Der eine Generation ältere Spanier Diego Velázquez hatte in Rom den verrammelten Teil der Villa Medici gemalt und damit gezeigt, wie sprechend das Nebensächliche, die zufällige Beobachtung sein kann. Auch Vermeer ist als Flaneur unterwegs, nur richtet er seinen Blick auf eine kaum bekannte Nachbarschaft, die bis dahin gar nicht als bildwürdig gegolten hätte.

Seit Ende des Dreißigjährigen Krieges im Jahr 1648 erlebten die reichen Metropolen der nördlichen Niederlande einen Boom. Zuwanderinnen nicht nur aus den südlichen Landesteilen siedelten sich an, Arbeitskräfte wurden gebraucht. Man rückte zusammen, empfand das aber nicht unbedingt als Makel oder gar jenen »Dichtestress«, den heute vor allem in der Schweiz manche fürchten. Dafür waren die altniederländischen Städter zu stolz auf ihre Lebensweise, Unabhängigkeit und Experimentierfreude.

Etwas von diesem Geist weht durch die Delfter »Kleine Straße« Jan Vermeers. Sie erzählt, dass sich mit einfachen Mitteln auch auf wenig Platz beides haben lässt: das Private und das Soziale, intime Ruhe und die Halböffentlichkeit einer guten Nachbarschaft. Ganz selbstverständlich.

Literatur:
Hartmut Häußermann, Dieter Läpple, Walter Siebel, *Stadtpolitik*, Suhrkamp, Berlin 2019 (vierte Auflage).
Gregor J. M. Weber, Pieter Roelofs, *Vermeer*, Belser, Stuttgart 2023.

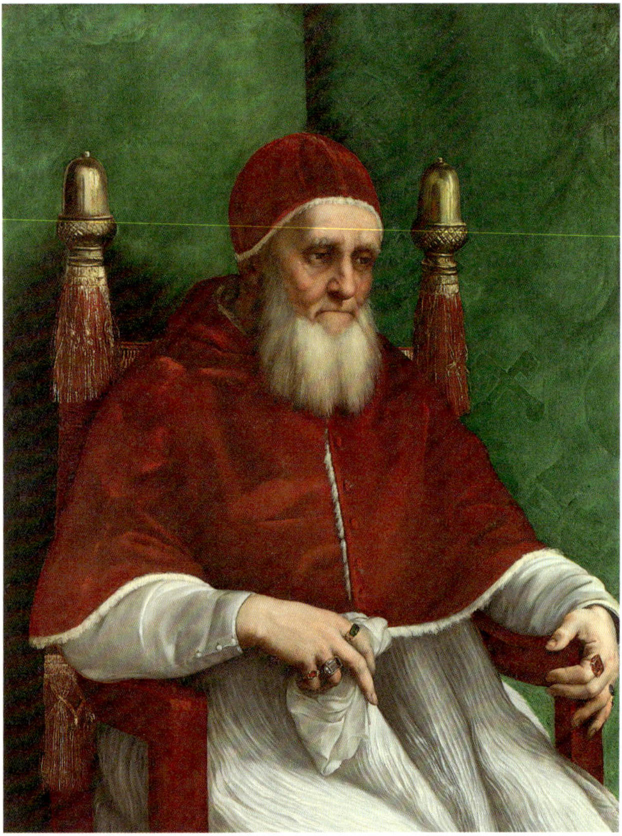

Raffael: »Julius II.«, um 1511, National Gallery, London

DIE SCHRECKLICHEN ZUR EINSICHT BRINGEN

Kann man von kriegslüsternen Machthabern Selbstkritik erwarten? Unbedingt, meinte der Renaissancemaler Raffael. Heute dagegen möchten manche Menschen im Westen Gewaltherrscher vor allen Kränkungen bewahren.

»Ich folge meinen Instinkten, und ich liege nie falsch«, sagte Benito Mussolini. Wer das anders sah und den Ansichten des Duce widersprach, erfuhr die Repressalien des faschistischen Staates, der Widerrede nicht duldete. Mussolini wurde 1945 von italienischen Partisanen erschossen; als *role model* moderner Diktatoren sowie rechter Populisten dient er bis heute.

Was sie nicht alles von seinen Instinkten gelernt haben: von *law and order* reden, aber jedes Recht brechen. Im Namen der Nation Eroberungskriege anzetteln, aber auch das eigene Land in den Abgrund führen. Den Volkstribun spielen, aber sich und die eigene Clique auf Kosten des Volkes bereichern. Ein hyperviriles, sexualisiertes Selbstbild mit nacktem Oberkörper pflegen und zugleich Vergewaltigungswitze reißen und Frauen erniedrigen. Mit der eigenen Gewaltbereitschaft prahlen. Und dann: alle Widersprüche in einer enormen Propagandaschlacht zu Kennzeichen wahrer Größe umdeuten.

Auch Bürger haben gelernt von Mussolini und anderen *strongmen,* wie die Historikerin Ruth Ben-Ghiat antidemokratische Potentaten des 20. und 21. Jahrhunderts nennt. Sie haben gelernt, sich einzufühlen in die Psyche extremistischer Machthaber und zu überlegen, was diese so kränken könnte, dass sie ihre noch schlimmeren Drohungen wahr machen. Im Umgang mit Wladimir Putin erörtern manche Intellektuelle und Politiker im freien Westen, was den Mann im Kreml alles reizen, ja »demütigen« (so die *Emma*-Herausgeberin Alice Schwarzer) könne, mit welchen Zugeständnissen man ihm helfen solle, sein Gesicht zu wahren, wenn er in der Ukraine nicht bekomme, was er wolle. Es ist dabei Putin selbst, der sich als beängstigend unberechenbar inszeniert. Die Aufgabe unabhängiger Intellektueller wäre es, die genauen Wirkmechanismen dieser Propaganda offenzulegen.

In der Vormoderne gingen manche Denkerinnen und Künstler noch weiter: Sie lehnten es nicht nur ab, einem üblen Machthaber zu helfen, sein Gesicht zu wahren. Sie erschufen ihm einfach ein neues. Der Renaissance-Papst Julius II., geborener Giuliano della Rovere, hieß in der Bevölkerung *il terribile,* der Schreckliche. Er war ein unleidlicher Charakter, aufbrausend, kleinlich, und ein Kriegstreiber war er auch. Allein 1512 in der Schlacht von Ravenna gegen die Franzosen fielen 12000 bis 15000 Soldaten, die meisten auf Seiten des Kirchenstaates – eine damals kaum vorstellbar hohe Zahl.

Raffael porträtierte Julius wohl im Jahr 1511. Er entschied sich, den Papst nicht als den zu malen, der er war, sondern als jenen, der er sein könnte (zu sehen ist das Bildnis heute in der National Gallery in London). Weder ein Schwert gibt Raffael Julius mit noch Tiara oder Sänfte. Stattdessen setzt er ihn in einem Vorzimmer seines Palastes auf einen Sessel mit Eichelknöpfen, dem Symbol der della Rovere. Mit der Linken hält der Heilige Vater sich an seinem Stuhl fest; seine *mozetta*, sein Umhang, umfängt ihn dunkelrot schimmernd. Doch sein Gesicht und die leicht gebeugte Körperhaltung wirken nicht herrisch, sondern nachdenklich und betrübt. Er hat tiefe Ringe unter den Augen, sein Blick scheint nach innen zu gleiten. Sein Bart ist mit dünnstem Pinsel gestrichelt; er umrandet das Gesicht wie fein gesponnene Wolle und heischt in dieser Zartheit nicht nach Ehrfurcht, sondern nach Sympathie. Der Bart kündet von den Niederlagen gegen die Franzosen; Julius hatte geschworen, sich erst wieder zu rasieren, wenn die militärische Lage sich bessern sollte.

Es ist die intimste Nahsicht, die es bis dahin von einem Papst gegeben hat. In seiner Besinnung wirkt Julius fast zerbrechlich. Der oberste Feldherr als selbstkritischer, realistischer Denker, der gerade in seiner Schwäche stark ist wie sein Symbol, die Eiche: Auch das mag Propaganda sein, nur eine besonders geschickte. Es ist aber womöglich zugleich der Versuch, von unten zu regieren und dem Chef ein anderes, humanistischeres Selbstbild schmackhaft zu machen als das des unzurechnungsfähigen Wüterichs.

Kein unfehlbarer Instinktherrscher sollte Julius sein, sondern jemand werden, der Verantwortung für seine Taten und Fehlschläge übernimmt.

Dieses Konzept entwickelten Denker und Künstler im Barock weiter, als Kritik an der Macht noch schwieriger geworden war als vor der Gegenreformation. Der Schriftsteller Torquato Accetto sprach im 17. Jahrhundert von *dissimulazione onesta,* ehrlicher Verstellung. In der bildenden Kunst hieß das, einen Herrscher in seinen Räumen und Bildern immer wieder auf gesellschaftliche Ziele wie Frieden, Freiheit, Wohlstand zu verpflichten und ihn nicht damit davonkommen zu lassen, sich als Regelbrecher und Gewalttäter auch noch zu feiern.

Julius gefiel sich auf Raffaels Bildnis. Er ließ es in Kirchen aufstellen und mehrfach reproduzieren (eine mäßige Kopie, wohl aus Raffaels Werkstatt, hängt im Städelmuseum Frankfurt). Einige Monate nach Julius' Tod im Jahr 1513 kam es zu einem regelrechten Volksauflauf in der römischen Kirche Santa Maria del Popolo, als dort Raffaels originales Bildnis zu sehen war. Der gemalte Denker-Herrscher scheint auch eine – unerfüllte – Sehnsucht der Bürger nach umsichtiger Führung getroffen zu haben.

Solche optimistischen Bildideen haben den Lauf der Geschichte nicht grundlegend geändert, und sie sind heute im Zeitalter der Fotografie nicht wiederholbar. Sie formulierten aber eine Erwartung an Herrschaft, der sich diese stellen musste. Das ist um einiges souveräner, als sich freiwillig lächerlichen Selbstbildern manipulativer Tyrannen unterzuordnen und sogar Kriegsverbrecher vor den Folgen ihrer Taten beschützen zu wollen.

Nicht wir müssen den Regierenden gefallen, sondern sie uns.

Literatur:
Ruth Ben-Ghiat, *Strongmen. Mussolini to the Present*, W. W. Norton & Company, New York 2021.
Ulrich Pfisterer, *Raffael. Glaube, Liebe, Ruhm*, C. H. Beck, München 2019.
Kia Vahland, *Michelangelo & Raffael. Rivalen im Rom der Renaissance*, C. H. Beck, München 2012.

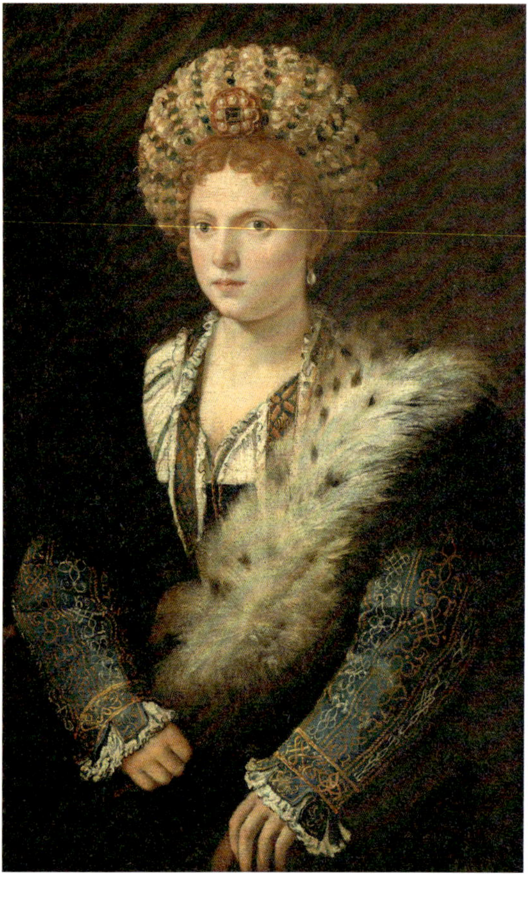

Tizian: »Isabella d'Este, Markgräfin von Mantua«, um 1535, Kunsthistorisches Museum, Wien

REGIEREN, NICHT HUNGERN

Wie sehen mächtige Frauen aus? Das müssen Politikerinnen auch heute noch immer wieder selbst beantworten. Vorbilder gibt es wenige. Der Renaissancemaler Tizian und die Markgräfin von Mantua hatten ihre eigene Idee von weiblicher Autorität.

Es ist eine Sache, für die Gleichberechtigung der Geschlechter zu sein. Eine andere ist es, auch all den im kollektiven Gedächtnis und im eigenen Unterbewusstsein herumwabernden Stereotypen zu widerstehen. Dass Männer per se Kompetenz verkörperten. Dass Frauen sozialverträglich seien und wenn nicht, dann ihre eigene Unvollkommenheit spüren sollten. Dass Macht einen Mann begehrenswert mache, eine Frau dagegen einsam. Und so weiter und so fort.

Manche hoffnungsfrohe Karriere, manche gerechte Verteilung von Care-Arbeit scheitert am mangelnden Vorstellungsvermögen. Da spielt die Kunst hinein. Was wir uns ausmalen, kann darüber entscheiden, was wir tun und lassen oder anderen zugestehen.

Noch im 21. Jahrhundert muss sich eine Politikerin ihren visuellen Code erst erschaffen. Sie kann nicht einfach einen Typus aus dem kollektiven Gedächtnis abrufen, ein Klischee, das schon funktionieren wird. Die frühere deutsche Bundeskanzlerin Angela Merkel ärgerte sich bei Amtsbeginn still über abwertende Bemerkungen zu ihrem

Kleidungsstil. Sie fand dann einen Weg, der zu ihr passte und in die politische Welt, in die sie eingetreten war: Blazer in leuchtenden Farben. Das sprengte die männliche Norm nicht, malte sie aber lila, pink, grün oder orange an. Das Gerede flackerte nur noch auf, wenn das Regierungsoberhaupt einmal beim Opernbesuch ein ausgeschnittenes Kleid trug.

Gäbe es eine Allegorie für Autorität, so wie in der alten Kunst die Gerechtigkeit durch eine Frau mit Waage und verbundenen Augen versinnbildlicht wird, so wäre diese Autorität immer noch ein Mann mit weißem Bart. Jemand wie auf alten Bildern Gottvater, der weiß, wo es langgeht. Solche Archetypen überleben vielleicht nicht immer im Alltag, aber in tiefen Schichten der Imagination tun sie es eben doch. Bis jemand sie infrage stellt und ihnen ein neues Bild entgegensetzt.

Dies tat in der Renaissance die 1474 geborene Mantuaner Markgräfin Isabella d'Este. Die Macht, die ihr qua Geburt zugefallen war, hatte sie beherzt ergriffen, und sie nutzte sie, um die vielleicht eindrucksvollste Kunstsammlung der Renaissance anzulegen. Maler achteten sie für ihren Kunstverstand und auch dafür, dass sie ihnen nach der einen oder anderen Auseinandersetzung die Freiheiten ließ, die sie brauchten.

Nur bei ihren eigenen Porträts war sie eine schwierige Auftraggeberin. Leonardo da Vinci zeichnete sie, führte die Arbeit aber trotz Isabellas Drängen nie als Gemälde aus, vielleicht weil sie auf strenger, herrschaftlicher Profilansicht bestand, was ihn langweilte. Später haderte Isabella dann mit dem regungslosen Modellsitzen und nörgelte, sie sehe auf ihren Bildnissen zu dick aus. Lange fand die Herrscherin keine Form der malerischen Repräsentation: Einerseits schwebten ihr die kühlen Überlegenheitsposen männlicher Autoritäten vor, andererseits schätzte sie die idealisierten Bildnisse betörender Frauen ihrer Zeit.

Dann aber verfielen der rund fünfzehn Jahre jüngere Tizian und sie auf eine Lösung. Der Venezianer hatte sie schon einmal porträtiert, das Gemälde ist nur durch eine spätere Kopie von Peter Paul Rubens überliefert, mit einer für Isabellas Geschmack wohl zu stämmigen Figur. So etwas wollte die Herrin offenbar nicht noch einmal sehen. Sie sprach davon, noch mehr regieren zu wollen, um endlich abzunehmen (von weniger essen war nicht die Rede). Und sie sandte Meister Tizian als Vorlage eine ihrer Ansicht nach halbwegs akzeptable Überarbeitung eines Jugendbildnisses von ihr. Anreisen oder ihn zum Malen zu sich bitten, das wollte sie nicht.

Tizian war es recht, er engagierte für Isabellas Porträt eine der jugendlichen Venezianerinnen, die immer Geld brauchten. Mit ihrer Hilfe malte er, was es noch nicht gab: eine sehr junge Frau mit rosigem, weichem Teint, die keine Nymphe ist, keine Venus und auch keine namenlose Verführerin. Sondern eine entschlossene Herrscherin mit goldbestickten Ärmeln und gewaltigem Kopfschmuck, die klugen Augen nachdenklich in die Ferne gerichtet (heute hängt das Gemälde im Kunsthistorischen Museum Wien).

Diese Frau ist Isabella d'Este, und sie ist es nicht. Sie ist mindestens vierzig Jahre jünger als die Bildbestellerin. Aber sie ist eine tatkräftige, erfahrene Politikerin – keine Muse, sondern eine umsichtige Frau im Amt. Als Mann gibt sich diese Frauenfigur bei aller Entschlusskraft nicht aus. Ihr haargenau gepinselter Pelz wirkt so weich, dass man ihn anfassen möchte, ihr Dekolleté blinkt vor dem dunklen Hintergrund kurz auf, und was gut sichtbar unter der voluminösen, teuren Garderobe hervorscheint, ist ein feminines Leinenunterhemd.

Die Macht trägt nicht immer einen weißen Bart. Sie kann auch eine sinnliche, intellektuelle, sehr junge Frau sein, als die eine ältere Politikerin sich fühlt. Das macht die Macht nicht besser und ihre Trägerin auch nicht. Aber es zeigt doch, wie überholte Stereotype sich mit etwas Fantasie zugunsten frischer Bilderfindungen abstreifen lassen. Unsichtbarkeit oder Fehlansichten sind kein Schicksal; über das, was zu sehen ist, können Regierende, Medienleute, Regisseurinnen, Stars, Künstler, Social-Media-Nutzerinnen entscheiden, wenn sie es wollen.

Die frühere neuseeländische Regierungschefin Jacinda Ardern zeigte sich 2018 erst schwanger, dann, noch erschöpft von der Geburt, mit Neugeborenem. Und in den USA gab die demokratische Abgeordnete Alexandria Ocasio-Cortez in einem Video Schminktipps, verbunden mit einer Polemik gegen das Patriarchat. Beide Frauen fürchteten auch deshalb nicht um ihre Autorität, weil eben auch viele Wählerinnen Karriere machen wollen und Kinder erziehen. Die Realität hebelt die Klischees aus. Und manchmal setzen sich dabei auch neue Ideen durch, die anderen Frauen zugutekommen sollen, wie die einer feministischen Außenpolitik, die heute von der deutschen Bundesregierung zumindest in der Theorie vertreten wird.

Gelästert freilich wird weiter. Das wurde es über Tizians »Isabella d'Este« auch; der Autor Pietro Aretino giftete, der Maler habe die »monströse Marchesa von Mantua (...) in einem höchst unehrlichen Masse verschönert«. Den Spott aber war der Ausbruch aus der Norm wert. Isabella fand ihr Porträt »erbaulich«. Und widmete sich wieder dem Regieren, ganz ohne dass sie für ihren öffentlichen Auftritt hatte hungern müssen.

Literatur:
Mary Beard, *Frauen und Macht. Ein Manifest*, aus dem Englischen von Ursula Blank-Sangmeister, S. Fischer Verlag, Frankfurt am Main 2018.
Tizians Frauenbild. Schönheit – Liebe – Poesie, Ausstellungskatalog des Kunsthistorischen Museums Wien, Skira-Verlag, Mailand 2021.
Kia Vahland, *Lorbeeren für Laura. Sebastiano del Piombos lyrische Bildnisse schöner Frauen*, Akademie Verlag, Berlin 2010.

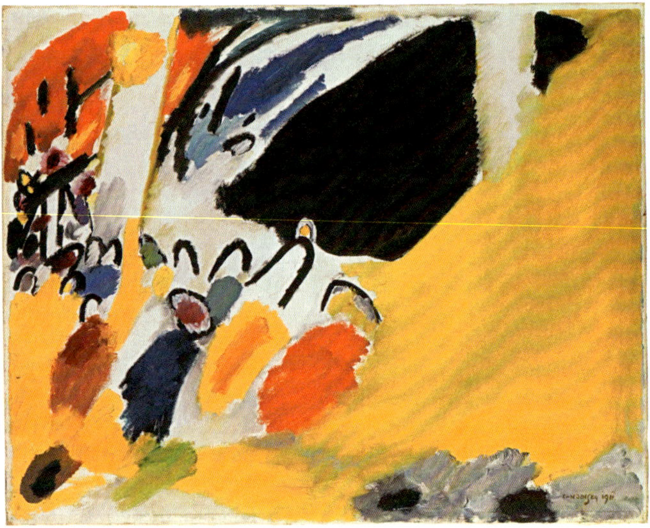

Wassily Kandinsky: »Impression III (Konzert)«, 1911, Lenbachhaus, München

GEMEINSCHAFTLICHER RAUSCH

Wassily Kandinsky feierte die kollektiven Exzesse des Kulturpublikums – in München, der Stadt, die sich Corona zum Trotz auf das Feiern versteht.

Mit Corona leben heißt, Ungewissheit auszuhalten, nicht zu wissen, in welche Richtung es geht: Wird die nächste Variante noch ansteckender, noch kränker machend oder doch harmloser? Bauen die Menschen ausreichend Immunität auf, die sie vor dem Schlimmsten bewahrt? Was hat es mit Long Covid auf sich? So groß waren die Unsicherheiten lange, dass manche lieber alle Bedenken vom Tisch wischten.

München ist einmal im Jahr ein großer Biertisch, auf dem getanzt und geschunkelt wird: Das Oktoberfest fand nach der Pandemie im September 2022 wieder statt, der Aerosolforschung zum Trotz. Ihr zufolge begünstigt Übertragungen nichts so sehr wie geschlossene Räume (hier: Zelte) mit unzähligen Menschen von überall her, die laut singen und so viel trinken, dass sie gar keine Masken tragen können.

Doch das Ereignis (und das Geschäft) war der Stadt das Risiko wert. Ein grandioses Gemeinschaftserlebnis war die Wiesn bereits vor dem Ersten Weltkrieg. Schon beim 100-Jahr-Jubiläum im Jahr 1910 stießen 12 000 Feiernde im Bierzelt Bräurosl an. Wer hier aß und trank, musste sich für den Wunsch nach Ausschweifung nicht schämen. Es ging unbekümmert zu; die Ausbrüche von Cholera und gefährlicher Influenza lagen Jahre zurück, die Spanische Grippe war noch fern. Mitreißen von der Freude am Exzess und dem Unwägbaren ließen sich in dieser Zeit auch die Künstler in der Stadt. Seit der Jahrhundertwende lebte der Russe Wassily Kandinsky hier; er interessierte sich für alle Spielarten der Volkskultur und kannte auch das Oktoberfest, das er einige Zeit nach seiner Ankunft besuchte.

Der Maler verstand sich auf gemeinschaftlichen Rausch – meinte damit aber in erster Linie kulturelle Erfahrungen. Kunstgeschichte schrieb, kurz nach dem 100. Oktoberfest, Kandinskys euphorische Begegnung mit der atonalen Musik des Wiener Komponisten Arnold Schönberg in München. Dieser scherte sich nicht um die Regeln der Harmonie, seine Stücke verzichten auf einen Grundton.

Am 2. Januar 1911 besuchte Kandinsky mit seiner neuen Bekanntschaft, dem Maler Franz Marc, ein Konzert Schönbergs. Zu hören waren dessen Streichquartette op. 7 und 10 sowie »Drei Klavierstücke« (op. 11). Die ungewohnten Dissonanzen verwirrten das Publikum. Die Leute kicherten und scharrten mit den Füßen, als wären sie nicht im Konzert, sondern auf einer wilden Party. Einige schimpften laut. Kandinsky und Marc aber fühlten sich verstanden: So wie Schönberg mit den Regeln klassischer Musik brach, so überwanden sie die Regeln der Zentralperspektive. Besonders Kandinsky zeigte sich von dem Abend ergriffen. Dem Komponisten schrieb er wenig später, sie beide verbinde, dass sie dem Unterbewussten freien Lauf ließen.

Das tat der Maler dann auch vor der Leinwand und übersetzte die Schwingungen der Veranstaltung in Farbe. »Impression III (Konzert)« hängt heute in der Städtischen Galerie im Münchner Lenbachhaus, das über eine der größten Sammlungen von Arbeiten des Künstlers verfügt. Das wogende Publikum auf der Linken der »Impression III« wendet sich dem schwarzen Flügel zu, umfangen wird es von einer gelben Freudenwelle. Lila und Gelb, Schwarz und Weiß prallen aufeinander; mit virtuosem Pinselstrich lässt Kandinsky Formen und Farben von links unten nach rechts oben streben. Sein synästhetisches Talent, Töne sehen zu können, half ihm, das Gemeinsame der beiden Künste zu fassen: die Lust am ästhetischen Aufbruch und an der kollektiven Hingabe.

Anders als wohl die meisten Oktoberfest-Besucher (und wahrscheinlich auch manche Hörer des Schönberg-Konzerts) sah Kandinsky sich in seinem Überschwang von höheren Kräften getragen. Er wollte seine Kunst erheben über die materielle Welt, wollte dem, wie er es nannte, »Geistigen« Ausdruck geben, was bei ihm auch eine Metapher für das innere Erleben ist, das nach außen drängt. Ein fertiges Werk war für ihn kein Gegenstand, sondern es sollte im schöpferischen Akt heranwachsen »zur Persönlichkeit, zu einem selbständigen, geistig atmenden Subjekt«, wie er 1912 schrieb.

Was nun schwer atmend ein Eigenleben entwickelte, war die abstrakte Kunst. Kandinsky hatte sie allein nicht erfunden (auch wenn er das später behauptete), aber er verstand es, sie unter die Leute zu bringen. Immer weiter rückte er jetzt vom Gegenständlichen ab. Schon im Sommer 1911 bot er in einem kalkulierten Skandal der Neuen Künstlervereinigung München das Folgewerk der »Impression III« zur Ausstellung an, seine großformatige, von geschwungenen Linien nur knapp zusammengehaltene »Komposition V«. Melodien erscheinen hier als fließende Farbflächen, schwarze Striche als wilde Rhythmen. Das Werk wurde abgelehnt, was Kandinsky, seiner Freundin und Kollegin Gabriele Münter sowie Franz Marc den Vorwand lieferte, an der Isar die Künstlergruppe Blauer Reiter als avantgardistisches Konkurrenzunternehmen zu gründen. Bald schloss sich ihnen auch Paul Klee an.

Die Form wahrten die Mitglieder des Blauen Reiters auch künftig nicht, im Gegenteil. Sie inspirierten einander, stachelten sich zu immer mutigeren ästhetischen Experimenten an. Sie gingen ins Offene. Und zeigen bis heute, dass Kunst eher selten im einsamen Kämmerlein geschieht, sondern oft mit Gruppendynamiken zu tun hat – die auch das Publikum umfassen. So trifft Schönbergs Musik in Kandinskys »Impression III« vorne links auf eine aufnahmebereite Hörerschaft, die sich gerne verwirren und mitreißen lässt.

Es ist diese Erfahrung, auf die Kulturinteressierte in den ersten Corona-Jahren so schmerzlich weitgehend verzichten mussten: gemeinsam noch Unbekanntes erleben, ein Theaterstück, ein Konzert, eine Ausstellung. Sich austauschen, begeistern oder ratlos anschweigen, sich also in einen kollektiven Prozess begeben, der mehr Fragen als Antworten bietet.

Kultureinrichtungen waren vor allem in Deutschland vielerorts unter den Ersten, die aus Gründen des Gesundheitsschutzes schließen mussten – schon deshalb, weil der Staat bei eigenen Institutionen das Hausrecht hat, aber womöglich auch, weil nicht alle Politiker der öffentlichen Kultur Priorität einräumten und manche von ihnen sich lieber mit Künstlerinnen als mit Wirten und Ladenbesitzerinnen anlegten.

Ein Streamingdienst aber ersetzt die Oper nicht, ein Lesesessel nicht die Debatte im Literaturhaus. Die Vereinzelung dieser Jahre fühlte sich nicht nur schal an, sie schadete auch den demokratischen Gesellschaften, deren Angehörige sich miteinander verständigen müssen. In den provokanten Fantasielandschaften der Kultur geht das bisweilen spielerischer, hoffnungsvoller und ergebnisoffener als im politischen Raum.

Kandinsky feiert in seinem Gemälde das Kulturpublikum und dessen Bereitschaft zum Kontrollverlust. Möge es sich revanchieren und auch die Künstler feiern – und sich nicht mit fröhlichem Gelage im Bierzelt als alleiniges Freizeitvergnügen abspeisen lassen.

Literatur:
Matthias Haldemann, *Kandinsky*, C. H. Beck, München 2016.
Peter Maigler (Hg.), *Oktoberfest! Ein literarischer Wiesnbummel mit Peter Maigler,* Insel Verlag, Frankfurt am Main 2008.

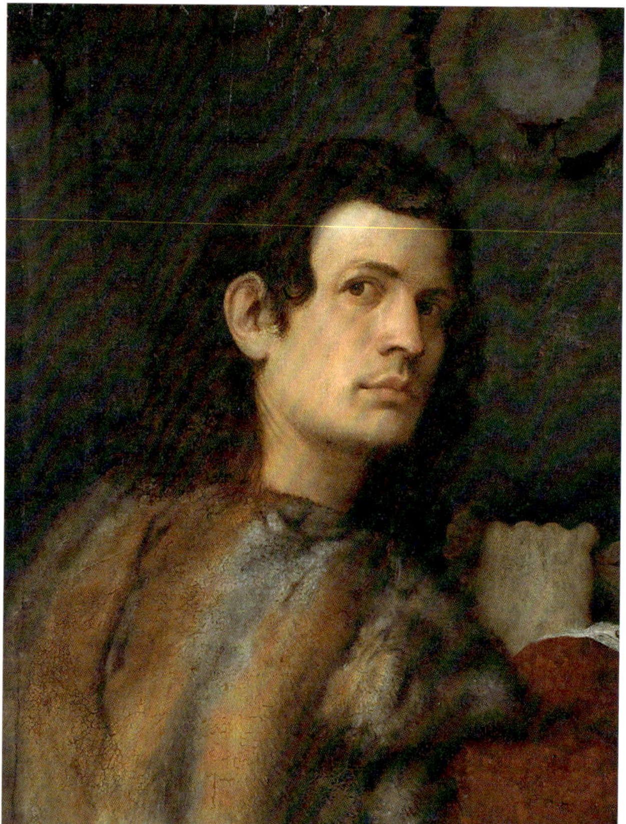

Giorgione (oder Nachfolger): »Junger Mann«, um 1510, Bayerische Staatsgemäldesammlungen/Alte Pinakothek, München

DIE KUNST DER EINIGUNG

Nicht immer galt Bullytum als gesellschaftlich akzeptables Verhalten. Ein Maler aus Venedig etwa feiert lieber den so entschlossenen wie sensiblen Mann.

Das Regierungsviertel von Brasília, erbaut von Oscar Niemeyer, ist eine Utopie der guten Ordnung. Hell und leicht, nicht streng, sondern schwungvoll und harmonisch. So dachte sich der 2012 fast 105-jährig verstorbene Architekt das Machtzentrum des Landes. Man kann manches daran kritisieren; der Beton heizt sich unerträglich auf, es fehlt das Naturwüchsige. Doch dass hier verbindliche Regeln für alle gelten sollen, ästhetisch wie politisch, und nicht wie in so vielen Regierungszentralen der Welt das Recht des Stärkeren inszeniert wird, vermittelt sich der Besucherin unmittelbar.

Als Gegner des neu gewählten brasilianischen Präsidenten Lula im Januar 2023 die Büros des Kongresses, des Obersten Gerichtshofes und des Präsidentenpalastes stürmten und auf Niemeyers Sonnendächern herumtrampelten, zeigten sie in ihrem Vandalismus ebendas: Regeln, etwa die einer demokratischen Wahl, gelten für sie nicht, legitime Ansprüche anderer auch nicht.

Das ist das Grundprinzip des Bullytums: Es wird nicht verhandelt. Wer sich dem Bully (m/w/d, alle Geschlechter mitgemeint) entgegenstellt, wird eingeschüchtert und niedergewalzt. Und klappt das nicht, dann sieht der Bully sich als Opfer.

Er ist vor allem das Opfer seiner selbst. Denn dem Bully entgeht ja das Beste: wie sich Einigungen erzielen lassen, mit denen beide Seiten sich wohlfühlen. Wie ein Austausch gelingen kann, in dem es um viel mehr geht als um Sieg oder Niederlage. Der Bully hat Buddys, die alles für ihn oder sie tun (müssen). Freunde aber, die einem auch mal die Meinung sagen, die gewinnt man so nicht.

Das Erschreckende an den Bildern aus Brasília, die ja nur widerspiegeln, was zwei Jahre zuvor in Washington, D.C., geschah: Sie wirken gar nicht mehr erstaunlich, obwohl Brasilien eine Demokratie ist, in deren Wesen es doch liegt, dass die wichtigen Dinge ausgehandelt statt erzwungen werden. Die Demokratien haben sich schnell daran gewöhnt, dass die eigenen Institutionen in Gefahr geraten, ihr Untergang lustvoll herbeifantasiert wird. Als Bullytum inszeniertes politisches Handeln, ob von rechten Spitzenpolitikern oder deren Fans, erscheint inzwischen als Normalität.

Bullys hat es vermutlich immer gegeben, nicht immer jedoch galt das Bullytum als gesellschaftlich akzeptables, gar erstrebenswertes Verhalten. In der italienischen Renaissance setzte sich in Adelskreisen ein anderes Ideal durch: Eleganz, Geschmeidigkeit, Rücksicht und *sprezzatura,* also eine Lässigkeit, die hart erarbeitet ist. Fleißig und diszipliniert soll der Hofmann sein, dann aber mit großer

Leichtigkeit auftreten, so beschreibt es der Schriftsteller Baldassare Castiglione Anfang des 16. Jahrhunderts in einem viel gelesenen Buch.

Sicher, es gab die Söldnerführer und Haudegen, die zum Fürchten waren und doch auch Anerkennung genossen, wenn sie ihr fragwürdig erworbenes Geld in Kunst investierten. Bei den Liederabenden und Festen an einem der vielen Fürstenhöfe aber hatten Bullys eher schlechte Aussichten, zumal bei den Damen, die klug unterhalten werden wollten. Selbst Gewaltherrscher zeigten sich in der Renaissance gerne nachdenklich, weil dies dem Renommee förderlicher war als die martialische Pose.

In Venedig entstand kurz nach 1500 ein Genre von Bildnissen so gar nicht bullyhafter Männlichkeit. Rüstungen werden umgedeutet zu Kleidungsstücken, deren Zweck es ist, zu glänzen, zu spiegeln. Manche Jünglinge schauen verträumt; lange Locken umrahmen ihre weichen Gesichter.

Da ist dieser möglicherweise von Giorgione gemalte Mann, der seinen Rücken in hellbraunes Fell gehüllt hat – offensichtlich nicht, um animalischer zu wirken, sondern weil der haarfein gepinselte Pelz den Tastsinn der Betrachtenden reizt. Der Mann wendet den Kopf nach hinten und richtet seinen Blick auf uns; er wirkt entschieden, klar, wie jemand, der weiß, was er will. Und zugleich aufmerksam, suchend, einer, der nicht meint, die Gedanken und Gefühle seines Gegenübers immer schon zu kennen.

Eine »hingebungsvolle Versunkenheit« erkennt die Kunsthistorikerin Marianne Koos in solchen venezianischen Männerbildern, die von der Lyrik Petrarcas inspiriert sind. Dieser hatte im 14. Jahrhundert in seinem *Canzoniere* eine Frau besungen, Laura, deren Herz das lyrische Ich nicht erobern konnte. Was dem Dichter die Gelegenheit gab, eine ganze Bandbreite schwieriger Gefühle auszudrücken. In der Imagination der Frühen Neuzeit gilt oft der Mann als derjenige mit der komplexeren Emotionalität und Leidensfähigkeit, während die Frau in ihrer Tugendhaftigkeit gerne als kühles Vernunftwesen beschrieben wird – genau andersherum also, als es später das Klischee der Moderne will. Die sensiblen venezianischen Männerbildnisse aus dem Giorgione-Kreis haben sich vermutlich oft an andere Männer gerichtet, sei es, um deren Begehren, Freundschaft oder einfach nur Bewunderung zu wecken. In Bullykreisen dagegen treibt man sich lieber gegenseitig zur Grobheit an, als sich umeinander zu bemühen.

Und was tun, wenn man auf so einen Bully (m/w/d) trifft, aber selbst keiner werden will? Standhalten, bei sich und den eigenen Werten bleiben, das Spiel nicht mitspielen. Nein sagen. Auch als Gesellschaft, die Demokratiefeinde dazu erziehen wollen, sich an Übergriffe wie beispielsweise den aus Brasília zu gewöhnen.

Literatur:
Baldassare Castiglione, *Der Hofmann. Lebensart in der Renaissance*, Wagenbach Verlag, Berlin 2023 (Neuauflage).
Marianne Koos, *Bildnisse des Begehrens*, Edition Imorde, Siegen 2006.

DIE VIELEN FARBEN DER REVOLUTION

Beschämend spät öffnet sich der Westen für die Kultur Osteuropas. Und lernt dabei einen alten Bekannten neu kennen: Der Ukrainer Kasimir Malewitsch ließ sich von Stalin nicht vereinnahmen und wird unter Putins Herrschaft gehasst.

Der Kalte Krieg ging mit dem Fall der Berliner Mauer 1989 zu Ende. Erst seit Februar 2022 aber, aus Anlass des realen Krieges Russlands gegen die Ukraine, entdecken auch im Westen viele, wie kulturell divers und eigensinnig die Gesellschaften Osteuropas und die der ehemaligen Sowjetunion sind. Und wie falsch es war, ohne Zögern die russische Sicht auf sie zu übernehmen. Es hat etwas Beschämendes, wie lange es hierzulande gedauert hat, das althergebrachte russische Hegemonialstreben gegenüber Nachbarvölkern als solches zu erkennen.

Beschämend ist das auch deshalb, weil gerade die Linke in Imperialismuskritik geübt ist, jedenfalls solange es um die USA oder die kolonialistische Vergangenheit der europäischen Seemächte geht. Die Fähigkeit zu solcher Selbstreflexion zeichnet Demokratien aus, rechtfertigt aber keine blinden Flecke der Wahrnehmung. Wladimir Putins Regime hatte sich schon seit Jahren auf offener Bühne radikalisiert und seinem Land einen bellizistischen Na-

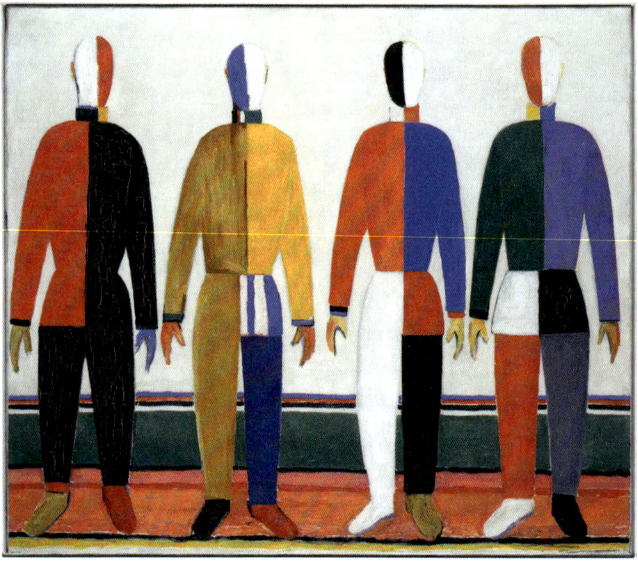

Kasimir Malewitsch: »Sportler«, 1928-1932,
Staatliches Russisches Museum, St. Petersburg

tionalismus verordnet. Man muss nur Moskauer Staatsfernsehen schauen, um zu wissen, welche Kriegstreiber hier am Werk sind. In der Fantasie der Propagandisten sind Ukrainer abtrünnige Russen, die für ihren Verrat mit Bomben und Raketen zu bestrafen sind. Manch einer will schon eine neue russische Herrschaft über halb Europa voraussehen.

Dieser imperialen Ideologie vorausgegangen waren die Eroberungen des russischen Zarenreichs im 19. Jahrhundert im Osten und Süden und in der Sowjetunion die Marginalisierung der kleineren Völker. Nicht einmal Kremlchef Wladimir Iljitsch Lenin selbst konnte die Augen vor der Diskriminierung der Nichtrussen im eigenen Staatsgefüge verschließen; im Dezember 1922 warnte er einmal, dass »wir selbst, sei es auch nur in Kleinigkeiten, in imperialistische Beziehungen zu den unterdrückten Völkerschaften hineinschlittern und dadurch unsere ganze prinzipielle Aufrichtigkeit, unsere ganze prinzipielle Verteidigung des Kampfes gegen den Imperialismus völlig untergraben«.

Der aktuelle Krieg ist angesichts dieser Vorgeschichte auch ein kultureller. Die russischen Besatzer plündern oder vernichten Museen, Bibliotheken und Archive, wollen alles genuin Ukrainische aus der Welt schaffen. Derweil kämpfen die Ukrainer auch auf kulturellem Gebiet darum, nicht länger als Untergruppe alles Russischen missverstanden zu werden. Sie schützen ihre eigenen Denkmäler mit Sandsäcken, lassen jene aus Sowjetzeiten hingegen schleifen;

ehren ihre dem Land verbundenen Schriftstellerinnen und Künstler und distanzieren sich von jenen russischen Intellektuellen der Vergangenheit, die mit Dominanzgebaren aufgefallen sind.

Es ist Aufklärung, die sie dabei leisten, auch für uns Ausländerinnen. So hat die Kunstgeschichte immer von der »Russischen Avantgarde« gesprochen, wenn es um die moderne Kunst aus der Revolutionszeit ging. Bei genauerem Hinsehen ist das nicht haltbar. Viele Beteiligte waren keine ethnischen Russen und verstanden sich nicht als solche. Nicht immer stand für sie die eigene Herkunft im Vordergrund, schließlich sahen sich die meisten Protagonisten der Avantgarden als Internationalisten. Doch in der Kunst, auch in der gegenstandslosen, lässt sich nie gänzlich von den eigenen Erfahrungen und sinnlichen Prägungen abstrahieren. Und das hat auch wohl niemand beabsichtigt, im Gegenteil.

Der Künstler Kasimir Malewitsch sprach zu Hause ukrainisch, polnisch und russisch. Seine Eltern waren als polnische Katholiken nach Kiew geflohen, nachdem russische Truppen 1863 den Januaraufstand in Polen niedergeschlagen hatten. So kam er 1879 in der Ukraine zur Welt. Später studierte er an einer Kunstschule in Moskau. In Petrograd, dem heutigen St. Petersburg, erregte Malewitsch 1915 Aufsehen mit einer Ausstellung von Abstraktionen; oben in der für Ikonen vorgesehenen Zimmerecke prangte sein »Schwarzes Quadrat«.

Damit setzte er eine ästhetische Revolution in Gang,

noch bevor die politische begann. Und tatsächlich zeigten sich die Bolschewisten zu Beginn ihrer Herrschaft aufgeschlossen gegenüber den Künstlern um Malewitsch, die so leidenschaftlich von der Zukunft sprachen. Gleich nach ihrem Machtantritt 1917 übertrugen sie dem Maler die Aufsicht über die Kunstsammlungen des Kremls und andere Positionen im Kulturapparat.

Doch die Liebe hielt nicht. Malewitsch zog sich ins belarussische Witebsk zurück, wo er sich wohl freier fühlte als in den Metropolen. Als Stalin sich durchsetzte, hatte die Avantgarde bald ausgedient. Malewitsch verlor nach und nach seine Stellungen, versuchte vergeblich, nach Deutschland auszuwandern. 1930 wurde er festgenommen und zwei Wochen lang verhört.

Schließlich malte er nicht mehr abstrakt – aber auch nicht im propagandistischen Stil des sozialistischen Realismus. »Zukünftler« nannte er seine Figuren nun, kräftige Wesen mit schweren Körpern, von Arbeit gezeichnet. Frauen mit gebeugten Rücken; Bauern oder Gesichter und Arme auf dem Feld – das, sei es Zufall oder nicht, gelb ist unter blauem Himmel, also die ukrainischen Nationalfarben vorführt. Es scheint, als würden die Männer in jenem um 1932 fertiggestellten Gemälde in Zwangsjacken stecken: Malewitschs Kritik an der Zwangskollektivierung der Landwirtschaft ist nicht zu übersehen; vielleicht auch schon am Holodomor, der von Stalin erzwungenen Hungerkatastrophe.

Optimistisch dagegen wirkt Malewitschs zwischen

1928 und 1932 entstandenes Gemälde von vier Athleten (heute im Staatlichen Russischen Museum in St. Petersburg). Bereit zum Wettkampf, stehen sie auf gestreiftem Untergrund vor niedrigem Horizont und scheinen, obschon so gut wie gesichtslos, die Betrachter und Betrachterinnen anzublicken. Der Sport galt in der jungen Sowjetunion wegen seines dynamischen Charakters als fortschrittlich, und auch Malewitsch zeigt die Männer als fröhlich-bunte Repräsentanten einer neuen Zeit.

Doch mit dem uniformierten Menschenbild der Stalinzeit haben diese Figuren nichts gemein. Der eine kleidet sich in Schwarz-Rot, der nächste kombiniert wieder Gelb und Blau, der dritte kontrastiert Blau und Rot, der vierte schließlich trägt einen ganzen Flickenteppich an Farben zur Schau. Sie haben dieselbe Profession und ein gemeinsames Ziel, nicht aber dasselbe Wesen, denselben Geschmack, wohl auch nicht dieselbe Herkunft. Und sie bilden keine Hierarchie, so wie auch der Vielvölkerstaat nicht gleich wieder in ein Oben und ein Unten hätte zerfallen müssen. Die sowjetische Realität war da schon längst eine andere. Zum Lautsprecher der verbrecherischen Stalinzeit taugte Malewitschs Œuvre nicht. So stellte das Regime die Werke des polnischstämmigen Ukrainers nach seinem Tod 1935 bis zur Perestroika nicht mehr aus.

Und heute? Kann sich der putintreue Filmschauspieler Nikolai Burljajew in Russland mit dem Ausruf profilieren: »Die Zeit der ›schwarzen Quadrate‹ ist vorbei.«

In der Ukraine aber wissen sie, was sie an Kasimir Malewitsch haben: nicht nur einen Landsmann, sondern auch einen Skeptiker gegenüber autoritären, gleichmachenden und größenwahnsinnigen Diktaturen.

Literatur:
Evelyn Weiss (Hg.), *Kasimir Malewitsch*, DuMont, Köln 1995.
Karl Schlögel, *Das sowjetische Jahrhundert. Archäologie einer untergegangenen Welt*, C. H. Beck, München 2022.

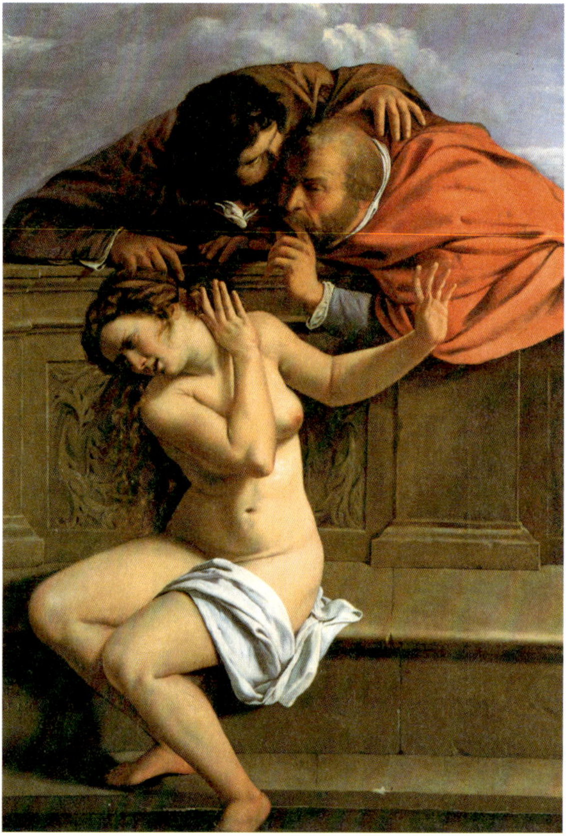

Artemisia Gentileschi: »Susanna und die alten Männer«, 1610, Schloss Weissenstein, Pommersfelden

AUF DIE MITWISSENDEN KOMMT ES AN

Der #MeToo-Bewegung gingen Generationen von Frauen voraus, die auf ihrer eigenen Erzählung bestanden. Eine war die famose Barockmalerin Artemisia Gentileschi.

Im Herbst 2022 berichtete ein älterer deutscher Liberaler, wie er einer Kollegin vor Jahren ein attraktives Jobangebot unterbreitet habe und sie natürlich, was denn sonst, in ebendieser Situation »angebaggert« habe. Leider sei nach einer Weile ihr gut gebauter Gatte erschienen. Die Politikerin sagte darauf, sie habe ihren Mann damals extra gebeten zu kommen, weil sie schon geahnt habe, was geschehen würde. Das habe sie zu dem Zeitpunkt lebensklug gefunden, heute erschrecke sie, mit welcher Selbstverständlichkeit sie sich abgesichert habe.

Das ganze Zwanghafte, Lustlose der alten bundesrepublikanischen Geschlechterverhältnisse ist in dieser Episode enthalten. Die Frau sollte nur aufsteigen, wenn sie zugleich auf ihren Platz verwiesen werden konnte. Sie manövrierte sich dabei in eine aussichtslose Lage, wenn sie nicht permanent auf der Hut war, musste versuchen, den Mann in höherer Position abweisen, ohne ihn vorzuführen. Die beiden hätten stattdessen auch einfach eine entspannte Zeit haben und gemeinsam Pläne schmieden können.

Der Politiker wunderte sich nun, dass er mit der alten

Geschichte im Jahr 2022 für Aufregung sorgte. Was zeigt, wie viel sich geändert hat zwischen den Geschlechtern. Ein Stück unbeschwerter, selbstverständlicher, freundlicher sind die Dinge wohl geworden. Einfacher. Für diejenigen jedenfalls, Frauen wie Männer, die die alten Spiele des Machtmissbrauchs nie mochten.

Im Oktober 2017 entstand der Hashtag #MeToo auf dem Kurznachrichtendienst Twitter. Anlass waren die Verbrechen des amerikanischen Filmproduzenten Harvey Weinstein gegenüber Frauen. Unter dem Hashtag berichteten zahlreiche Frauen und einige Männer von ihren unangenehmen bis traumatischen Erlebnissen und zeigten damit, wie selbstverständlich auch in demokratischen Gesellschaften sexualisierte Gewalt und Misogynie lange waren: Der strukturelle Charakter dieser Grenzüberschreitungen wurde plötzlich deutlich.

Wie zuvor im deutschsprachigen Raum schon der Hashtag #Aufschrei, so half die internationale #MeToo-Bewegung vielen Betroffenen, weil sie nicht mehr allein waren und so ihre Scham verstehen und bestenfalls ablegen konnten. Damit kollabierte der gesellschaftliche Konsens, wonach sexualisierte Übergriffe, solange es nicht zur beweisbaren Vergewaltigung kam, ein Problem der Opfer, nicht aber der Täter waren. Und es kollabierte der uralte Glaube, wer viel Macht oder Einfluss habe, dem gebühre auch viel Sex, ob einvernehmlich oder nicht.

Mit #MeToo änderte sich auch die Arbeitskultur, weil eine Erzählung, die nur eine Seite kannte, an ihr Ende gekommen war. Wer seither beim Jobinterview oder anderweitig gegenüber Abhängigen Druck ausübt und sexuelle Bedingungen andeutet, weiß, dass dies auffliegen kann. Und wer davon betroffen ist, kann sich nun inzwischen zwar nicht immer und überall, aber eher und immer öfter für den eigenen Stolz entscheiden statt für den Täterschutz.

Dass dieser humanistische Erfolg – allen Widerständen zum Trotz – erst denkbar, dann möglich wurde, hat viel mit den Personen zu tun, die in einem Missbrauch gar nicht beteiligt sind: Zeugen, Kolleginnen und andere Außenstehende. Denn sie sind es, mit deren Billigung lange alle rechneten. Sie haben eine Kultur, in der vor allem Frauen herabgewürdigt werden, erst möglich gemacht.

Eine sehr alte Geschichte erzählt davon, wie viel couragiertes Verhalten gegenüber angeblichen Autoritäten ausrichten kann. Die alttestamentarische »Susanna im Bade« zieht sich aus, um im Park ihres Mannes ein Bad zu nehmen. Zwei alte Richter haben sich eingeschlichen und bedrängen sie. Sie verweigert sich ihnen, daraufhin beschuldigen die beiden Alten sie aus Rache fälschlich des Ehebruchs mit einem Jüngling. Susanna wird zum Tode verurteilt, aber nach etwas himmlischer Nachhilfe schreitet ein Zuschauer, der junge Daniel, ein und besteht darauf, die Richter getrennt voneinander zu befragen. Das hatte sich angesichts von deren sozialem Status bis dahin niemand getraut. Sie verheddern sich in Widersprüche, ihre Lüge fliegt auf. Bestraft werden die Belästiger, nicht ihr Opfer.

Die Malerei zeigt lieber die badende Susanna als den

helfenden Daniel, auch deshalb, weil sich hier der Voyeurismus an sich verhandeln lässt: Sind nur die Richter Gaffer, oder sind es auch die Betrachter des Kunstwerks? Das ist eine interessante Frage. Es ist aber keine, die sich Susanna in diesem Moment stellen wird.

Die Künstlerin, die sich als Erste wirklich mit den Gefühlen der Nackten beschäftigte, war die römische Barockmalerin Artemisia Gentileschi. Als sie die Szene im Jahr 1610 in stilistischer Entschiedenheit malte, war sie 17 Jahre alt und arbeitete bei ihrem Vater Orazio, der sie ausgebildet hatte. Ihr Gemälde (heute im Schloss Weissenstein im bayerischen Pommersfelden) verzichtet auf alles Drumherum, den Teich, den Park. Susanna sitzt vor einer Brüstung. Obwohl der Himmel gewittrig ist, erscheint ihr bloßer Körper hell erleuchtet, wie von einem Blitz. Sie muss sich winden, um den zwei Männern auszuweichen, die sich von oben über die Brüstung beugen und mit ihren breiten Oberkörpern ein gutes Drittel des Gemäldes einnehmen. Nebenbei gelingt es ihr so, auch eine Brust zu verbergen vor den Betrachtenden des Bildes.

Ekel steht Susanna ins Gesicht geschrieben. Die beiden Eindringlinge tuscheln miteinander, vielleicht spinnen sie schon ihre Intrige. Der eine bedeutet der Frau zu schweigen, wohl fürchtet er, sie könne um Hilfe schreien. Im Verhältnis zu den Richtern ist Susannas Körper klein. Es ist eine physisch und sozial Unterlegene, die hier um ihren Selbsterhalt ringt. Das Einverständnis, das die Täter ihr abpressen wollen, verweigert sie.

So verdichtet hat noch niemand den Schrecken gezeigt, der in dieser Nötigung liegt, und auch den inneren Widerstand gegen diese. Mit der Brüstung markiert Gentileschi die Grenze, an der die Alten rütteln. Noch ist Susanna ihnen nicht vollends ausgeliefert, dies geschieht erst im Nachhinein, als ihr Umfeld den Richtern glaubt und nicht ihr. Es braucht einen Außenstehenden, Daniel, der für Gerechtigkeit sorgt. In der Bildlogik sind das wir. Die Betrachter sind ja nicht nur Schaulustige, sie bezeugen auch ein Unrecht. Sie befinden sich bereits auf der richtigen Seite der Mauer, nun müssen sie nur noch handeln.

Als Gentileschi das Gemälde malte, arbeitete in der Werkstatt ihres Vaters ein mäßig begabter Maler namens Agostino Tassi. Vielleicht wurde er ihr damals schon lästig. Wenig später, im März 1611, vergewaltigte er sie. Ihr Schweigen über die Tat erpresste er mit einem Heiratsversprechen. Daran mochte ihr womöglich wenig gelegen sein, doch sie hatte im Verständnis der Zeit als Vergewaltigte kaum noch andere Chancen auf dem Heiratsmarkt.

Tassi aber konnte niemanden ehelichen, er war schon verheiratet. Deshalb zog Orazio Gentileschi für seine Tochter vor Gericht. Der Prozess war demütigend, Artemisia wurde mit Daumenschrauben gefoltert, um ihre Aussagen auf die Probe zu stellen, auch gynäkologischen Untersuchungen musste sie zustimmen. Tassi wurde verurteilt und aus Rom verbannt, Artemisia fand bald doch einen besseren Ehemann.

Sie hatte Erfahrungen gemacht, die all ihren männlichen Kollegen fremd waren. Es gelang ihr, diese immer wieder machtvoll in Malerei zu übersetzen und gleichzeitig ihre Kunst davon nie erdrücken zu lassen.

Frauen vieler Generationen und Jahrhunderte haben ihre Stimmen erhoben, zum Pinsel oder zur Feder gegriffen, Zeugnis abgelegt. Gesellschaftlicher Fortschritt ist nicht das Werk einiger weniger in einem einzigen Moment.

Literatur:
Carolin Emcke, *Ja heißt ja und …*, S. Fischer Verlag, Frankfurt am Main 2019.
Jesse M. Locker, *Artemisia Gentileschi. The Language of Painting*, Yale University Press, New Haven 2021.
Kia Vahland, *Schattenkünstler. Von Caravaggio bis Velázquez*, Insel Verlag, Berlin 2021.

MAHNMAL FÜR DIE MÄCHTIGEN

Der Barockmaler Peter Paul Rubens hasste den Krieg, entkam ihm aber nicht. Er schaute hin – und sah den Mut und die Verzweiflung junger Mütter.

»Der Bethlehemitische Kindermord« hängt im hinteren Rubens-Saal der Münchner Pinakothek in einer Ecke. Die meisten Gäste bleiben im ersten Saal des flämischen Barockmalers und betrachten seine furiose »Löwenjagd«, eines von vielen Rubens-Bildern, in denen mehr oder weniger gleich Starke aufeinandertreffen. Der Löwe beißt sich im Schenkel seines Jägers fest. Das ist brutal, aber es ist nicht unerträglich anzuschauen.

Dagegen: die massenhafte Ermordung von Babys vor den Augen ihrer Mütter? Unwillkürlich vermeidet die Besucherin, vor dem Gemälde im hinteren Saal stehen zu bleiben. Nicht des Künstlers oder der Malweise wegen, sondern weil das Sujet erschreckt: »Das Massaker an den Unschuldigen«, wie der Titel manchmal lautet. Das Matthäusevangelium berichtet vom Befehl des Herodes, alle Buben bis zum Alter von zwei Jahren umzubringen. Unter ihnen vermutete er den künftigen König der Juden, nicht ahnend, dass sich das Jesuskind bereits mit Mutter und Stiefvater auf der Flucht nach Ägypten befand. Von dem (historisch nicht verbürgten) Blutvergießen aber nicht nur zu hören

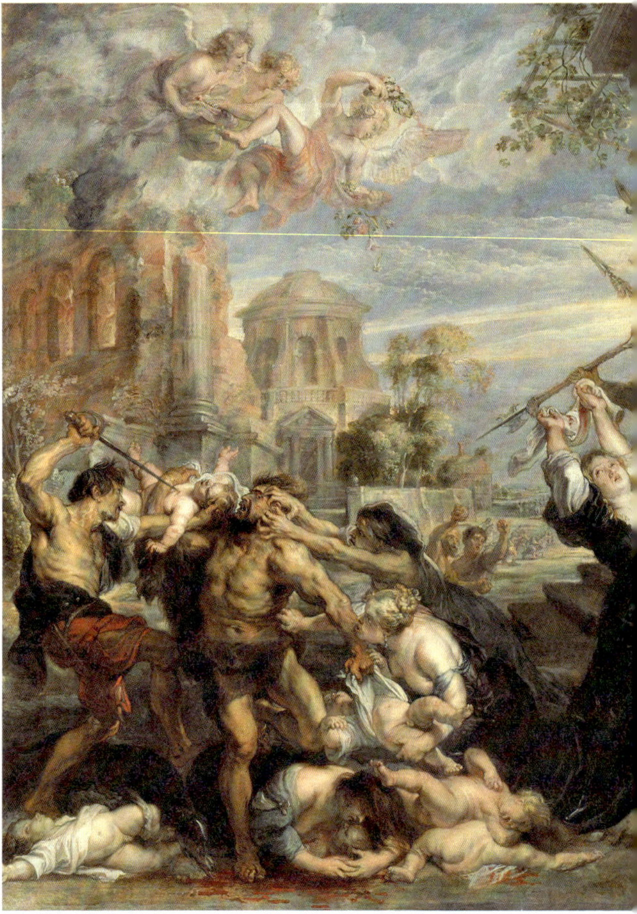

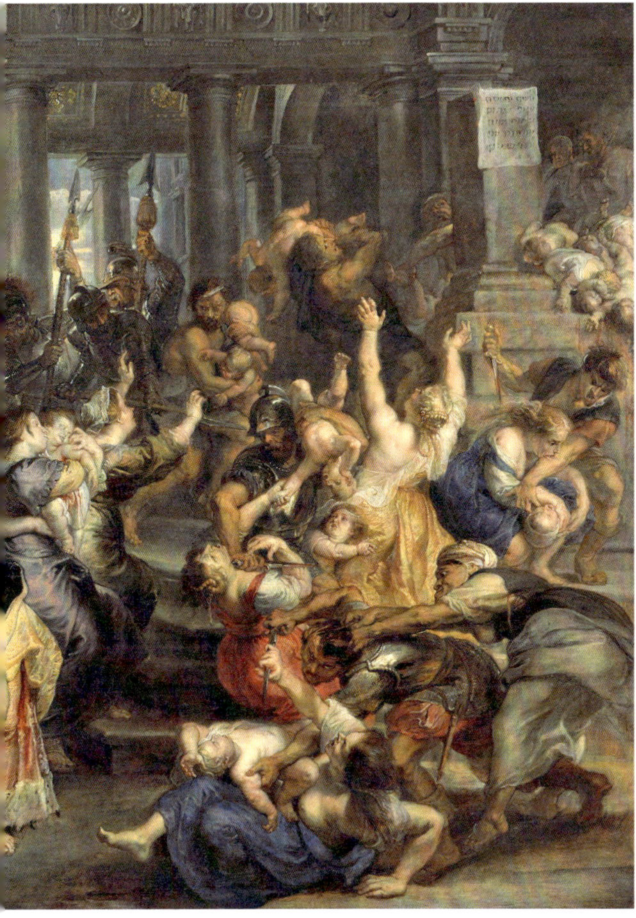

Peter Paul Rubens: »Der Bethlehemitische Kindermord«, um 1638, Bayerische Staatsgemäldesammlungen / Alte Pinakothek, München

oder zu lesen, sondern es vor Augen geführt zu bekommen auf einer rund zwei mal drei Meter großen Eichenholztafel, das ist etwas anderes.

Kindern etwas anzutun, bricht mit den Grundregeln des Menschseins. Sie zwangsweise von ihren Müttern zu trennen, sie gar umzubringen, einen Krieg gegen sie zu führen, ist Teil von Genoziden, der systematischen Drangsalierung und Ermordung nationaler, ethnischer oder religiöser Gruppen. Wer Völkermord verübt, hat es oft besonders auf Kinder und Frauen abgesehen: Die Täter zielen nicht nur auf die Gegenwart, sondern auf die Zukunft einer Gruppe; sie vergewaltigen Frauen, verschleppen oder töten Kinder, weil sie eine Gemeinschaft als Ganzes brechen wollen.

So wie Russland in der Ukraine Krieg führt, geht es um Zerstörung; Städte werden immer weiter bombardiert, und wenn sie dann besetzt sind, foltern, vergewaltigen und erschießen die Eroberer wahllos Zivilisten – als wären diese nur Teil ihrer Gruppe, die es zu töten gilt, allein, weil es sie gibt. In Russland wird immer wieder unverhohlen dazu aufgerufen, alles Ukrainische abzuschaffen: die Sprache, die eigenständige Kultur, vor allem aber den Stolz der Menschen. Entführungen sind Teil der russischen Kriegstaktik; Zigtausende der Verschleppten sind Kinder, weswegen Wladimir Putin und seine Kinderbeauftragte Maria Lvova-Belova 2023 vor dem Internationalen Strafgerichtshof in Den Haag angeklagt wurden.

Die Nachrichten über russische Kriegsverbrechen schwingen heute mit, steht man vor Rubens' »Bethlehemitischem Kindermord«. Rubens, der in gewaltsamen Zeiten lebte, verdingte sich außer als Maler auch als Diplomat – den englischen König Karl I. soll er zum Friedensschluss mit Spanien bewegt haben. Auch als Künstler misstraute er dem Kriegspathos. Sein heute im Florentiner Palazzo Pitti ausgestelltes Gemälde »Die Folgen des Krieges« führt den Waffengott Mars vor, der nicht auf die Warnungen der Venus hört und Europa während des Dreißigjährigen Krieges ins Unglück stürzt. Europa ist bei Rubens eine dunkel gekleidete Frau, die verzweifelt beide Arme gen Himmel reckt.

Eine solche schwarz gekleidete Weinende malte Rubens um das Jahr 1638 auch auf dem »Kindermord«. Ihre nackte, vielleicht eben noch stillende Brust rutscht aus dem edlen Gewand, als sie beide Hände nach oben reckt – sie strecken dem Himmel und der Welt eine blutige Windel entgegen. Neben ihr umarmt eine Frau ihren toten Jungen, eine andere vermag sie nicht zu trösten. Einer weiteren Mutter hat ein Scherge ihr Baby gerade entrissen, ein letztes Mal streckt es ihr seine Ärmchen entgegen.

Andere Mütter greifen mit den bloßen Fingern in die Messer der Mörder, sie beißen ihnen in die Arme, zerkratzen ihnen die Gesichter, werfen sich zwischen die Kinder und Dolche und riskieren ihr Leben. Das ist mutig und macht den Tätern offenkundig Angst, es ist aber wenig aussichtsreich, denn eine Gruppe Soldaten mit Lanzen sichert das Verbrechen ab. Sie schützen auch den Mann, der oben hinter den Säulen seines Palastes im Dunkeln zuschaut: König Herodes, Auftraggeber des Vielfachmordes.

»Die Räson des Staates geht der zivilen voraus«, schrieb Rubens einige Jahre zuvor, und schon das klang resigniert. Sein Gemälde vom Kindermord zeigt, was es bedeutet, wenn ein Regime sich in vermeintlich höherem Interesse hinwegsetzt über das Recht der Einzelnen, hier der Mütter auf ihre Kinder, der Kinder auf ihr Leben. Es ist ja nicht der Oberbefehlshaber in seinem erhabenen Palast, der seine Existenz aufs Spiel setzt, sondern er nimmt das Leben anderer, um die eigene Macht zu sichern, um nicht abgelöst zu werden von legitimen Volksvertretern.

Nein, Rubens sympathisiert mit solchen Tyrannen nicht. Er ist auf Seiten dieser Mütter, ihrer Wut und Verzweiflung. Gerade deshalb überhöht er sie nicht in ihrem Widerstand, sondern lässt sie Menschen sein, Figuren in zeitgenössischen Kleidern, mit sich auflösenden Frisuren und dem Willen, Unrecht Unrecht zu nennen. Und er taucht das Bild in irritierend warme, ineinanderfließende Farben: Links öffnet sich ein heller Himmel, Engel streuen Blumen; es ist, als sei nicht alles auf Dauer nur schrecklich, als werde es nach der Gewalt und den unüberwindlichen Traumata trotz allem wieder ein Leben geben können.

Die Befürchtung, der Maler könnte bei dem Thema einen Voyeurismus des Schreckens bedient haben, erfüllt sich nicht. Rubens schaute hin. Und malte keinen Krimi mit zu viel Blut und zu vielen Leichen, um mit Schockeffekten aufzufallen. Er erzählt einfach, was passiert, wenn das Nichtvorstellbare doch eintritt.

Vermutlich handelte er in offiziellem Auftrag; das

Gemälde mag in einem Rathaus oder an einem anderen halböffentlichen Ort gehangen haben. Es diente offenbar dazu, die Mächtigen vor Machtmissbrauch zu warnen, nicht deren Bürgerinnen. Diese sehen hier eher, wie man sich selbst im schlimmsten Albtraum treu bleibt und die Anmaßungen der Gewalt zurückweist: Vielleicht siegen diese Frauen nicht, aber einfach aufgeben und aus dem Dunkeln heraus über sich und ihre Kinder verfügen lassen, das ist für sie keine Option.

Mit so viel Widerstand aber rechnen Tyrannen nicht, weder Herodes noch Putin. Und auch nicht mit einer blutigen Windel in Händen Europas, die von ihren Verbrechen kündet.

Literatur:
Martin Warnke, *Rubens. Leben und Werk*, DuMont, Köln 2011.
Iris Därmann, *Undienlichkeit. Gewaltgeschichte und politische Philosophie*, Matthes & Seitz, Berlin 2020.

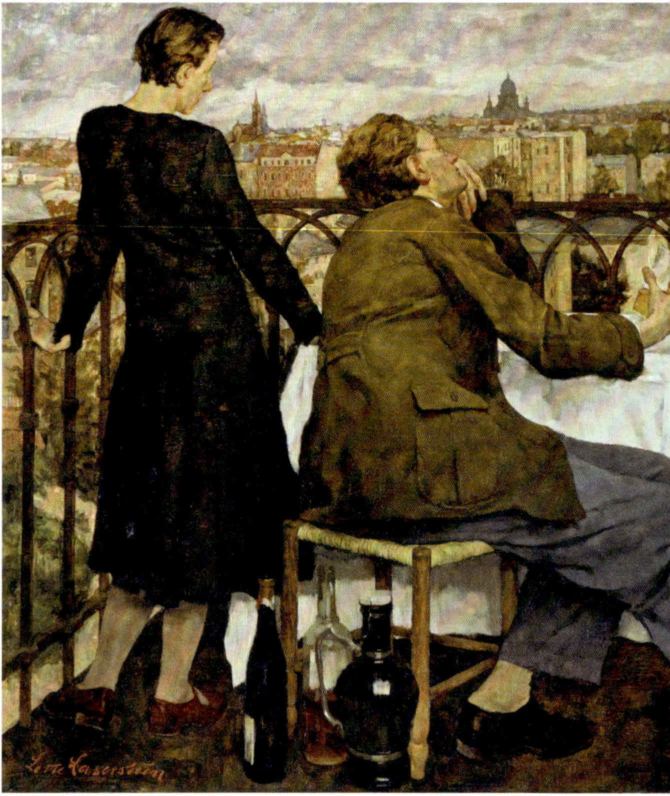
Lotte Laserstein

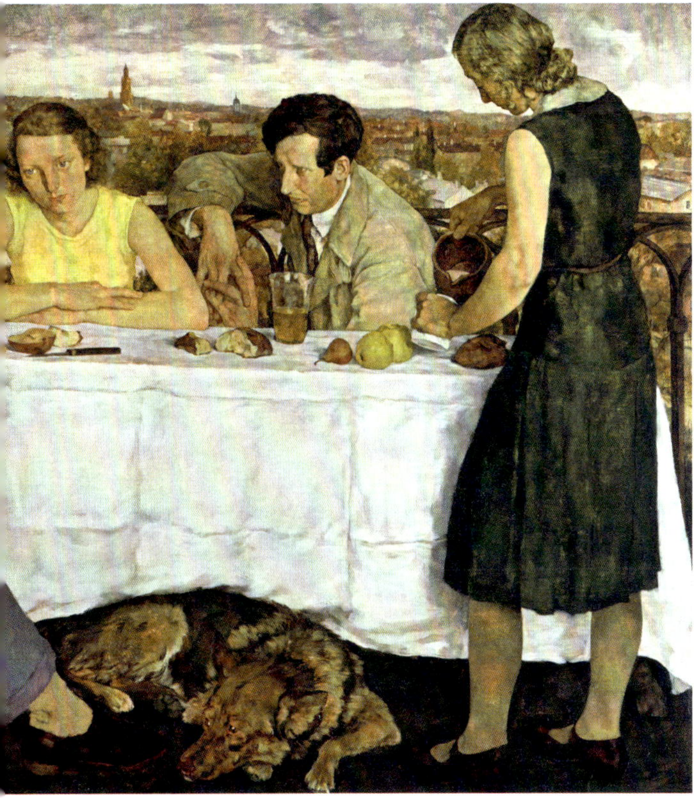

Lotte Laserstein: »Abend über Potsdam«, 1930, Staatliche Museen, Berlin

ALLE GEMEINSAM UND JEDER FÜR SICH

Endlich wieder lässt es sich zusammenkommen. Was aber, wenn die Weltlage die Stimmung trübt? Lotte Laserstein fand im Jahr 1930 eine bleibende Antwort.

Wie hat es gefehlt während der ersten Wellen der Corona-Pandemie: das Zusammensein mit Freunden, das Herumspinnen an langen Abenden, das Essen, Trinken, Reden. Die Kolleginnen erschienen weiterhin, auf kleinen Kacheln in Videositzungen – aber wer macht schon eine private Party am Bildschirm? Und so wurde der Alltag ab März 2020 langweiliger, verzweckter, effizienzversessen: Man traf noch einzelne Vertraute zu Spaziergängen. Doch mehrere Leute zusammenzubringen am großen Tisch, einfach weil sie interessant und nett sind, in offenen Gesprächen etwas entstehen zu lassen, ohne Verwertungsgedanken – das fiel lange weg. Erst in der warmen Sommerluft 2022 ließ sich die Corona-Gefahr so weit beiseiteschieben, dass man wieder gemeinsam speisen konnte.

Und wie fühlte sich das an? Unbefangen, frei, ausgelassen? Vielleicht, aber vielleicht auch nicht.

Nachrichtenjournalisten, die noch den Kalten Krieg kennen, staunen, wie sich politische und ökologische Ereignisse inzwischen regelrecht überschlagen, wie im 21. Jahrhundert der Strom an Neuigkeiten von einem halbwegs berechenbaren Fluss zu einem reißenden, über die Ufer tretenden Gewässer angeschwollen ist. So richtig lässt sich die Weltlage nicht mehr ignorieren, auch nicht an einem lauen Sommerabend mit Freunden.

Ihre Sorgen nicht vergessen konnte wohl auch Lotte Laserstein, als sie im Jahr 1930 in Berlin und Potsdam ihr Hauptwerk »Abend über Potsdam« malte. Es zeigt eine Tischgesellschaft auf einem Balkon mit Aussicht über die wolkenverhangene Stadt. Das Mahl ist verspeist, ein bisschen Obst und gebrochenes Brot liegen noch auf der weißen Decke. Sie muss vor dem Treffen lange gefaltet im Wäscheschrank gelegen haben, die Kanten zeichnen sich im Stoff ab. Eine Frau konzentriert sich darauf, aus einem Tonkrug nachzuschenken, wie die Milchmagd beim niederländischen Maler Jan Vermeer.

Entfernt lässt das ganze Setting auch an Leonardo da Vincis »Letztes Abendmahl« denken. Nur dass bei Laserstein geschwiegen, nicht gestritten wird. In der Mitte (also dort, wo bei Leonardo Jesus sitzt) stützt sich eine junge Frau mit zurückgekämmten Locken und gelbem Kleid sinnierend auf ihre Unterarme. Ein Dunkelhaariger wendet sich ihr zu, ohne sie wirklich anzuschauen. Sein Blick geht ins Leere. Überhaupt sind hier alle mit sich beschäftigt, selbst der Hund unter dem Tisch schaut traurig aus seinem Fell – und verstärkt so noch den ratlosen Ausdruck des Mannes über ihm.

Ein weiterer Mann betrachtet den sich eingrauenden Himmel. Mit der Rechten hat er gerade zum Gestikulieren angesetzt, wollte vielleicht doch diskutieren, dann aber fror ihm die Geste in der kühlen Abendluft ein. Nicht einmal für die erst halb leeren Weinflaschen hinter seinem Stuhl scheint sich die Runde zu interessieren. Eine hochgewachsene Frau am linken Bildrand hat sich innerlich schon ausgeklinkt: In ihrem dunklen Kleid steht sie etwas instabil auf nur einem Fuß am Balkongeländer und betrachtet die Dächerlandschaft mit den Kirchtürmen – nicht wissend, dass Teile von Potsdam im Bombenhagel rund anderthalb Jahrzehnte später untergehen werden.

Sie ist Lasersteins Freundin und Lieblingsmodell Traute Rose, gemeinsam haben sie den Typus des weiblichen Aktbildes reformiert: In Lasersteins Akten wird aus dem alten Machtgefälle im Atelier ein kreativer, freundschaftlicher Prozess, ein Geben und Nehmen, ein gegenseitiges Anschauen. Nun, im Jahr 1930 in Potsdam, scheint auch Traute Rose zu ahnen, dass es mit so viel künstlerischer Freiheit hierzulande bald vorbei sein wird.

Ganz offensichtlich findet die – wie immer bei Laserstein klar konturierte – Freundesrunde keine Worte für das, was geschieht und sich ankündigt. Wirtschaftskrise und Inflation toben, die Nazis gewinnen Zulauf, rechte Gewalttaten und antisemitischer Hass nehmen zu. Eine innovative Künstlerin wie Lotte Laserstein mit emanzipatorischen Idealen und einer jüdischen Mutter kann sich in Deutschland nicht mehr sicher fühlen.

Ihr großes Werk bereitete sie akribisch vor. Später berichtet Traute Rose, wie sie dabei vorging: Die Künstlerin habe »die sehr lange Holzplatte (…) mit der Berliner S-Bahn nach Potsdam transportiert, dann weiter mit der Pferdekutsche zum eigentlichen Bestimmungsort, zu Bekannten, die eine große Dachterrasse mit Blick über Potsdam hatten. Die Freunde kamen zusammen für die ersten Skizzen. Sie nahmen ihre Plätze ein, und es wurde bestimmt, wo und wie sie stehen sollten. Die Figuren wurden nur skizziert, weil erst der Hintergrund gemalt werden sollte. Nachdem das geschehen war, transportierte die Malerin die Holztafel zurück in ihr neues Atelier mit hohem Atelierfenster, wo sie die gleichen Lichtverhältnisse wie auf der Dachterrasse hatte. Nun begann die lange Arbeit mit den verschiedenen Modellen.«

Lotte Laserstein behielt mit ihrem Unbehagen recht. Drei Jahre später kamen die Nazis an die Macht, als Kleinunternehmerin jüdischer Herkunft musste die Künstlerin ihre Malschule bald aufgeben. Auch im Vorstand des Vereins der Berliner Künstlerinnen durfte sie nicht bleiben, ihr fehlte der »Ariernachweis«. Öffentlich auszustellen, war sowieso nicht mehr drin. Ihr blieb nur noch der Unterricht an einer jüdischen Privatschule.

1937 emigrierte sie nach Schweden, ohne die nicht jüdische Traute Rose, aber mit dem »Abend über Potsdam«. Für die Bleibeerlaubnis in ihrer neuen Heimat ging sie eine Scheinehe ein. Ihrer Mutter Meta gelang die Flucht nicht, sie wurde 1943 im Konzentrationslager Ravensbrück ermordet.

Das Gemälde verkaufte Laserstein erst mit Ende achtzig, so sehr hing sie an dem Großformat, auf dem sich all das Unheil schon zusammenbraute. Als die Künstlerin 1993 in Schweden starb, hatte die Kunstszene sie fast vergessen.

Im 21. Jahrhundert wurde die scharf beobachtende Ausnahmekünstlerin wiederentdeckt – und so auch die Geschichte der neusachlichen Malerei umgeschrieben und deren unterkühlter Gesamteindruck um ein paar wärmere Töne ergänzt. Inzwischen gehört das Werk der Berliner Neuen Nationalgalerie.

Zur nur halbwegs pandemiefreien, zu heißen und viel zu kriegerischen Gegenwart passt es wieder gut. Zum Essen laden sollte man seine Lieben trotzdem. Und sei es, um eine Runde gemeinsam zu schweigen.

Literatur:
Helmut Lethen, *Verhaltenslehren der Kälte. Lebensversuche zwischen den Kriegen*, Suhrkamp, Berlin 2022 (Neuauflage).
Anna-Carola Krausse, *Lotte Laserstein. Meine einzige Wirklichkeit*, Deutscher Kunstverlag, Berlin 2022 (Neuauflage).

DIE QUEEN VENEDIGS

Nicht nur eine Monarchie wie Großbritannien, auch eine Republik braucht Mythen, um zu überleben. Das zeigt in Venedig ein besonderes Werk Tizians.

Die britische Königin ist tot; jetzt geht es darum, wie sie weiterleben wird in der kollektiven Fantasie. Und nicht nur die Queen: Untrennbar verbunden ist ihr Körper im Sarg mit der Idee der Monarchie in einem demokratischen Gefüge. Sie zu retten, sah Elisabeth II. als eine ihrer wichtigsten Aufgaben an, und sie wusste wohl, wie wenig selbstverständlich es ist, dass nach siebzig Jahren Regentschaft ein anderer die Krone tragen würde, und sei es ihr altbekannter Sohn Charles.

Die Monarchie hat in Europa heute wenig praktischen Nutzen; sie kann nur fortleben, wenn die Leute etwas Größeres in ihr erkennen. Sie braucht einen Mythos, der sich feiern lässt. Oder zumindest ein vages Gefühl, auf das sich viele einigen können. So etwas wie: Großbritannien mit seiner imperialen Geschichte und seinen scheinbar aus der Zeit gefallenen Ritualen ist eben anders als andere Staaten. Etwas Besonderes. Was freilich nur diejenigen als positiv betrachten können, die nicht selbst unter der kolonialen Geschichte des Empire leiden.

Diese britische Besonderheit zelebrierten nun die so

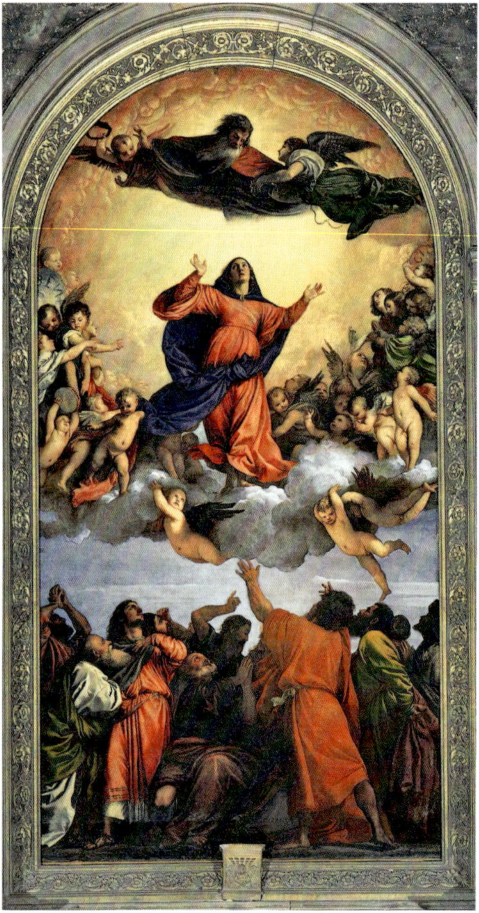

Tizian: »Mariae Himmelfahrt«, 1518, Frari-Kirche, Venedig

ausdauernden Feierlichkeiten, die Gottesdienste und militärischen Ehren, das Abschiednehmen mit Bärenfellmützen, Bannerträgern und starken Gefühlen. Dabei wohnt einer solch aufwendigen Zeremonie zugleich immer ihr Gegenteil inne: die Ahnung, dass es auch ohne das ginge, was da gerade gepriesen wird. Zu hören ist dies nur in Zwischentönen, etwa als der Sprecher des Unterhauses, Lindsay Hoyle, vor Charles III. im Parlament sprach: Er erinnerte daran, wie die Glorious Revolution von 1688 die Rechte der englischen Monarchen auf immer beschränkt hatte. Was der Redner zu sagen sich wohl verkniff: Dem vorausgegangen war im Jahr 1649 die Enthauptung von Charles I., einem Namensvetter des aktuellen Königs.

Auch scheinbar ewige Institutionen können prekär sein und bedürfen schon deshalb staatstragender Prachtentfaltung. In der Vormoderne war eine Republik, die sich an Bildern der eigenen Herrlichkeit berauschte, die Serenissima in Venedig, die erst von Napoleon erobert werden sollte.

Gerade weil das alte Venedig nicht in Erbfolge regiert wurde, benötigte es einen staatstragenden Mythos, der in unzähligen Zeremonien bekräftigt wurde. Demnach war Venedig am Verkündigungstag des Jahres 421 gegründet worden, und Maria soll fortan über die Stadt gewacht haben. In der Renaissance hingen in den meisten venezianischen Häusern Madonnenbilder, und in den Amtsstuben der Republik verband sich die Figur der Maria mit jener der Venetia sowie jener der Justitia. Man fühlte sich nicht mehr nur auserwählt durch Maria, sondern identifizierte den ganzen Staatsapparat mit ihr. Prediger betonten gerne, die Stadt, die keine Mauern habe und doch nie eingenommen wurde, sei wie eine siegreiche Jungfrau.

Die Königin, der die Republik Venedig sich verschrieb, war die Himmelskönigin. Die Mutter Jesu aber war auch eine Sterbliche und als solche dann doch ebenso verletzlich wie die Stadt im Meer, deren Einwohnerinnen nie wussten, wie lange sie noch unabhängig bleiben konnten. Im frühen 16. Jahrhundert stand die venezianische Autonomie tatsächlich auf der Kippe. Acht Jahre lang führte die Serenissima Krieg. Zeitweise hatten sich die wichtigsten Großmächte gegen die Republik verbündet: der Papst, der römisch-deutsche Kaiser, Frankreich und Spanien. Es waren Jahre der Isolation, aber auch des Widerstands. Schließlich konnten die Venezianer den Krieg beilegen. Sie feierten das mit einem Altargemälde des jungen Tizian in der Frari-Kirche. Es zeigt die Himmelfahrt der Gottesmutter.

Als das fast sieben Meter hohe Werk am 19. Mai 1518 enthüllt wurde, staunten Bürgerinnen und Offizielle: Zu sehen ist eine junge, gar nicht demütige Frau zwischen Himmel und Erde. Wie ein großer roter Vogel fliegt sie durch die gotische Kirche nach oben. Ihr blauer Mantel weht im Wind. Mit offenen Armen schwebt sie Gottvater entgegen, strebt nach Höherem. Und die Engel neben ihr trommeln, rufen und winken.

Alles auf dem Gemälde ist laut und in Bewegung. Auch die Apostel, die Maria von der Erde aus verabschieden, sind bunte, wild gestikulierende Männer mit langen Füßen. Ihre Bewunderung, aber auch ihr Schmerz ist ihnen in die Körper gefahren: Sie verabschieden eine große Frau. Einige von ihnen tragen dasselbe strahlende Rot wie die Himmelfahrende. Ihre Verbindung wird bleiben, über den Tod hinaus.

Gemalt hat Tizian das Werk im Winter im Klostersaal der Franziskaner nahe der Frari-Kirche, und er hatte währenddessen viel damit zu tun, dem Prior dessen Ängste vor so viel weiblicher Energie zu nehmen: Ja, Maria darf groß und dynamisch sein, sie muss es sogar, will sie in der weitläufigen gotischen Kirche nicht untergehen. Und die Farben dürfen leuchten, sie müssen es schließlich mit der Sonne aufnehmen, die morgens durch die hohen Fenstergläser einfällt.

Mit diesem hoffnungsvollen Gemälde gelang es Tizian, dem schon in die Jahre gekommenen Mythos seiner Wahlheimat Venedig nach Kriegsende neues Leben einzuhauchen. Aus dem Tod und der Verletzlichkeit erwächst in dem Bild eine Kraft. Der christliche Glaube stirbt nicht mit Maria, im Gegenteil, ihre Energie und ihr Stolz übertragen sich auf ihre wahren Freunde – hier, in dieser Kirche, im Viertel San Polo in Venedig. In dieser Stadt, die etwas Besonderes ist, weil Maria hier zu Hause ist.

Auf die Himmelskönigin als Beschützerin und eine Art Wahlvenezianerin konnten sich damals in der Republik alle verständigen. Im Vereinigten Königreich dürfte manchem die enge Verbindung von Kirche und Krone nicht ganz so geheuer sein. Einfacher ist es da schon, Elisabeth II. als Mutter der Nation und Ersatzheilige zu ehren, eine Frau, die angeblich nur eins wollte: ihrem Volk dienen.

Einen Dienst erwies die Monarchie dem Land gewiss: Das Feuerwerk aus Bildern rund um das Begräbnis der Queen und später dann die Krönung ihres Sohnes Charles verband die Nation wieder mit der Welt. Für einmal bestimmten keine Skandale aus einer um sich selbst kreisenden Regierung, keine brutalen sozialen und ökonomischen Spannungen und auch nicht der Brexit die Nachrichten. Stattdessen beschworen die royalen Bilder den vermeintlichen Glanz der alten, scheinbar so selbstgewissen Zeit. Der Mythos hat noch einmal überlebt.

Literatur:
David Rosand, *Myths of Venice. The Figuration of a State*, The University of North Carolina Press, Chapel Hill/London 2001.
Paul Joannides, *Titian to 1518. The Assumption of Genius*, Yale University Press, New Haven/London 2001.
Ernst H. Kantorowicz, *Die zwei Körper des Königs: Eine Studie zur politischen Theologie des Mittelalters*, Klett-Cotta Verlag, München 1990.

DAS LEBEN ALS LEBEN FEIERN

Ein Bild zu schaffen kann helfen, Gewalt und Manipulation zu widerstehen und dem Tod zu trotzen. Davon zeugt das Werk der deutschen Jüdin Charlotte Salomon.

Jahrzehntelang waren Agnès Lassalle und Stéphane Voirin ein Paar. Dann erstach ein psychisch kranker Schüler im Februar 2023 die Spanischlehrerin im Klassenraum mit einem Messer. Ihr Lebensgefährte wollte diesen Akt der unfassbaren Gewalt nicht unkommentiert stehenlassen. Voirin küsste den Sarg, der nach der kirchlichen Zeremonie vor der Kirche von Biarritz stand – und tanzte zu der französischen Version von Nat King Coles »Love« vor laufenden Kameras einen Paartanz ohne Partnerin. Die anwesenden Trauergäste ließen ihn nicht lange allein und swingten mit.

Lassalle habe das Leben geliebt, sagte Stéphane Voirin später, und er sie. Gemeinsam zu tanzen habe ihnen viel bedeutet. Voirin schuf ein bleibendes, anrührendes Bild nicht nur der Trauer, sondern auch des Lebensmutes.

Den Wert des Lebens angesichts des Todes hochzuhalten macht die Zäsur nicht ungeschehen. Doch es hält ihr etwas Machtvolles entgegen: Es ist nicht gleichgültig, ob ein Mensch existiert hat oder nicht. Nicht einmal eine mör-

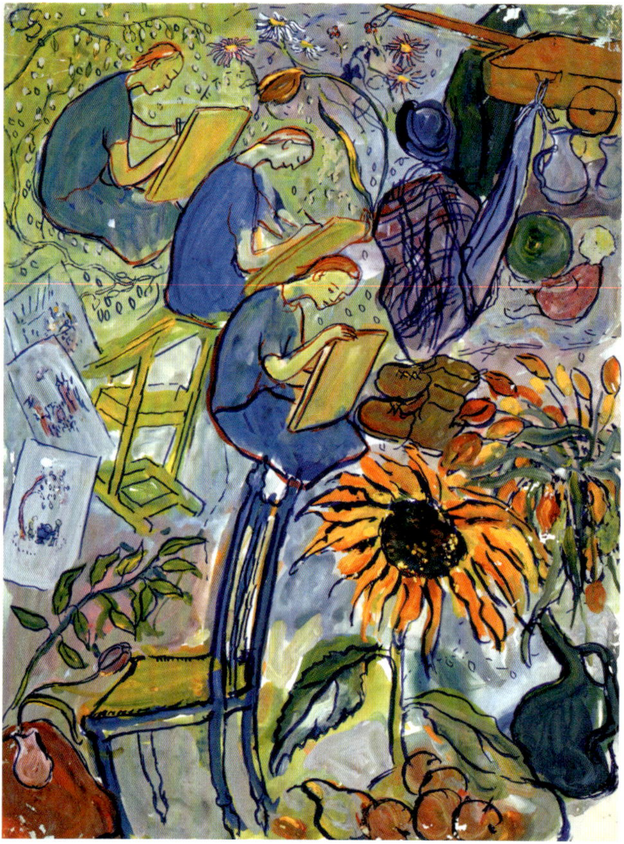

Charlotte Salomon: »Singespiel«, 1941, Jüdisches Museum, Amsterdam

derische Tat kann den Toten und den Überlebenden ihre Würde und ihre Einzigartigkeit nehmen.

Das Leben als Leben zu feiern und anzuerkennen, dass kein Mensch zu ersetzen ist, ist nicht selbstverständlich. Es hängt auch von gesellschaftlichen Normen ab. Wer nach Russland blickt, erlebt die Wiederkehr eines medial und pädagogisch vermittelten Todeskultes. Da erklärt die bekannteste Journalistin des Landes ihrem Publikum, es sei doch gar nicht schlimm, zwei, drei Jahrzehnte Leben zu verlieren – wenn man dafür ein heroisches Ende nehmen dürfe. Jugendliche singen auf Schulbühnen, sie stürben gern fürs Vaterland. Und wenn die Lage an der Front wieder einmal nicht den Erwartungen des Kremls entspricht, ereifern sich Talkshowgäste in Moskau, welche westlichen Länder in einem nuklearen Erstschlag vernichtet gehörten (was impliziert: auch um den Preis des eigenen Todes). Offenkundig verfolgt die russische Propaganda nicht nur das Ziel, das Mitleid mit den Opfern des Angriffskrieges gegen die Ukraine zunichtezumachen, sondern auch die Achtung vor dem eigenen Leben. Die Tötungshemmung soll wohl in beide Richtungen gesenkt werden.

Wer eine solche Ideologie gegen den menschlichen Überlebensinstinkt und die mitmenschliche Vernunft durchsetzen will, muss alle Register der Manipulation ziehen: Journalisten verhaften, Künste zensieren, Angst und Denunziationslust verbreiten. Künstlerische und andere freiheitliche Ausdrucksformen sind jedoch nie gänzlich zu kontrollieren.

In Putins Russland widersetzte sich etwa die 13-jährige Schülerin Maria Moskaljow dem Befehl ihrer Lehrerin, ein antiukrainisches Bild für die Soldaten an der Front zu malen. Stattdessen schuf Maria, Mascha genannt, ein proukrainisches Friedensbild – und musste erst ins Kinderheim, dann zu ihrer verhassten Mutter, während ihr bisher alleinerziehender Vater zur Arbeit im Straflager verurteilt wurde. Sie schrieb ihm aus dem Heim einen Brief der Solidarität, der öffentlich wurde. Die Umerziehungsversuche hatten nicht verfangen.

Ein Bild zu schaffen, kann auch in extremen Situationen helfen, die eigene Sichtweise auszudrücken und so inmitten großer Entrechtung das Leben wertzuschätzen und zu dokumentieren. Der Künstler Edi Hila, der wegen eines stilistisch unerwünschten Gemäldes in Enver Hodschas Albanien kräftezehrende Strafarbeit verrichten musste, skizzierte nachts mit Kohlestift seine Erlebnisse. Zeichnen ist eine Technik der Selbstbehauptung, die Menschen auch unter schlimmsten Umständen schon angewandt haben, so sie über Stift und Papier oder Ähnliches verfügten. Sogar aus dem Todeslager Auschwitz sind unter höchstem Risiko entstandene Zeichnungen eines unbekannten Häftlings überliefert.

Die jüdische Berliner Künstlerin Charlotte Salomon hatte vermutlich keine Chance zu zeichnen, was sie in Auschwitz sah. Die Schwangere kam dort am 10. Oktober 1943 an und wurde wahrscheinlich noch am selben Tag ermordet. Sie wurde 26 Jahre alt. Ihre letzten Jahre hatte sie genutzt für ein eindrucksvolles Zeugnis dessen, was es heißen kann, allem zum Trotz zu leben.

Vor der Deportation hatte Salomon das bebilderte Singespiel »Leben? oder Theater?« in Sicherheit gebracht: das Hauptwerk ihres Schaffens, bestehend aus 769 Gouachen und 320 Transparentseiten, die auf einigen der bemalten Blätter lagen und Hinweise auf Texte und Lieder enthielten. Heute befindet es sich im Jüdischen Museum Amsterdam. Salomon bedient sich in dem multimedialen Stück literarischer, malerischer, dramatischer und musikalischer Formen; so geht das Werk weit über ein Bilderbuch hinaus.

In dem Opus verarbeitet die Künstlerin ihre eigene Lebensgeschichte, die sie nach Bedarf fiktionalisiert. Lakonisch, manchmal bei aller Tragik geradezu heiter erzählt sie von den Turbulenzen ihrer Familiengeschichte und von den politischen Ereignissen in Deutschland zwischen 1913 und 1940.

Beides lässt sich kaum voneinander trennen. Ihre Eltern lernten sich in einem Lazarett des Ersten Weltkriegs kennen, der Vater war Chirurg, die Mutter Krankenschwester. 1917 kam Charlotte zur Welt. Die Mutter aber wurde immer schwermütiger und nahm sich schließlich, so wie zuvor bereits ihre Schwester, das Leben. Das Mädchen wuchs in Berlin beim Vater und seiner neuen Frau auf. Doch auch diese Stabilität wankte, als der Vater nach der Pogromnacht 1938 inhaftiert wurde und nur mit Glück freikam.

Charlotte ging allein nach Südfrankreich zu den Großeltern ins Exil und geriet 1940 vorübergehend in ein

Internierungslager für deutsche Flüchtlinge. Kurz vorher hatte sich auch ihre Großmutter das Leben genommen – und Charlotte Salomon war nun allein mit dem Großvater, der sie wohl sexuell bedrängte und auch ihr einen Suizid nahelegte. So jedenfalls erzählt Salomon in dem Singspiel ihre Geschichte; und sie begriff ihre Kunst demnach ausdrücklich als einen Kampf um das Leben: Es galt, es bei allem Leid den anderen Frauen in der Familie nicht gleichzutun und nicht vor der Zeit in den Tod zu gehen.

Wenn ihre Darstellung stimmt, war am Ende sie es, die den verhassten Großvater mit einem vergifteten Omelett tötete. Beim Sterben zeichnete sie ihn. Das war im Februar 1943, und die junge Frau holte daraufhin in Windeseile ihr Leben nach. Im Sommer heiratete sie einen jüdischen Flüchtling aus Österreich, wurde schwanger. Am 8. September aber besetzten deutsche Truppen die Mittelmeerregion; umgehend verhaftete die Gestapo das Paar. Auch Salomons Mann starb in Auschwitz.

Die Biographie der Charlotte Salomon ist extrem, ihre Widerstandskraft und ihr Überlebenswille waren es ebenfalls. In einer Nervenkrise hatte ihr ein Arzt in Südfrankreich geraten, weiter zu malen – und lag damit richtig. In ihrem Werk versetzt sie sich in die einzelnen Personen ihrer Geschichte hinein, lässt deren unterschiedliche Standpunkte aufeinanderprallen und erzählt auch von der NS-Propaganda, dem Judenhass in Deutschland, der Verzweiflung der jüdischen Freundinnen und Verwandten in Berlin.

Dabei porträtiert sie immer wieder sich selbst, inmitten all dieser privaten und politischen Entwicklungen. Es ist, als betrachte sie sich von außen. Ein Blatt ist gut gefüllt mit Sonnenblumen, Alltagsgegenständen, einem spielenden Kind, rankenden Pflanzen – und gleich drei Selbstbildnissen der in ihre Arbeit versunkenen Künstlerin, die ihre Zeichnungen um sich herum verteilt. Eine dieser Figuren sitzt auf der Lehne eines Stuhls: ein Leben auf der Kippe, aber auch eines, das in der Fantasie Frei- und Schutzräume findet, die es in Salomons Lebenswirklichkeit kaum gab.

Charlotte Salomon hatte den Tod vor Augen. Auch sie rebellierte gegen ihn, indem sie Bilder schuf. Die Frage »Leben? oder Theater?« beantwortet ihr Werk selbst: Es ist das Leben, das zählt. Und wer unter den Heutigen das Glück hat, es genießen zu können, sollte dies tun.

Literatur:
Charlotte Salomon, *Leben? oder Theater? Ein Singespiel, 1940-1943*, Taschen Verlag, Köln 2017.
Detlef Hoffmann (Hg.), *Das Gedächtnis der Dinge. KZ-Relikte und KZ-Denkmäler 1945-1995*, Campus Verlag, Frankfurt am Main 1998.
Georges Didi-Huberman, *Bilder trotz allem*, Fink Verlag, Paderborn/München 2007.

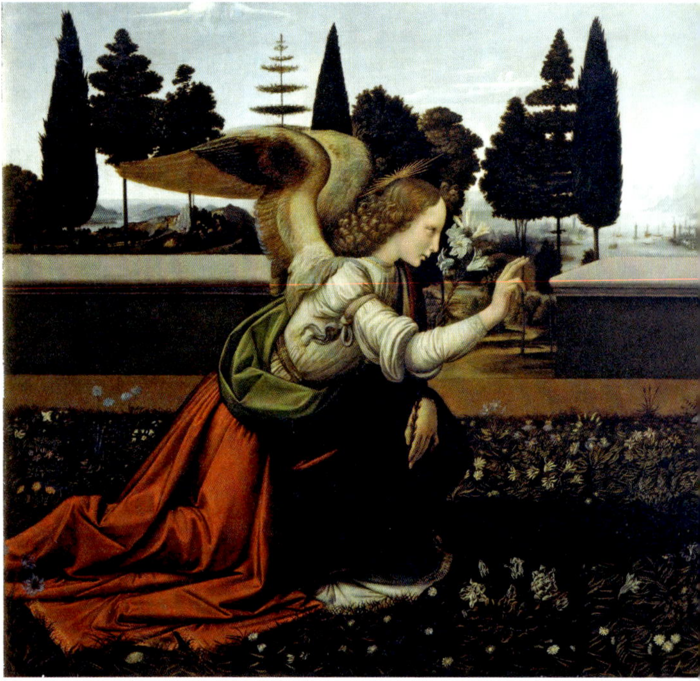

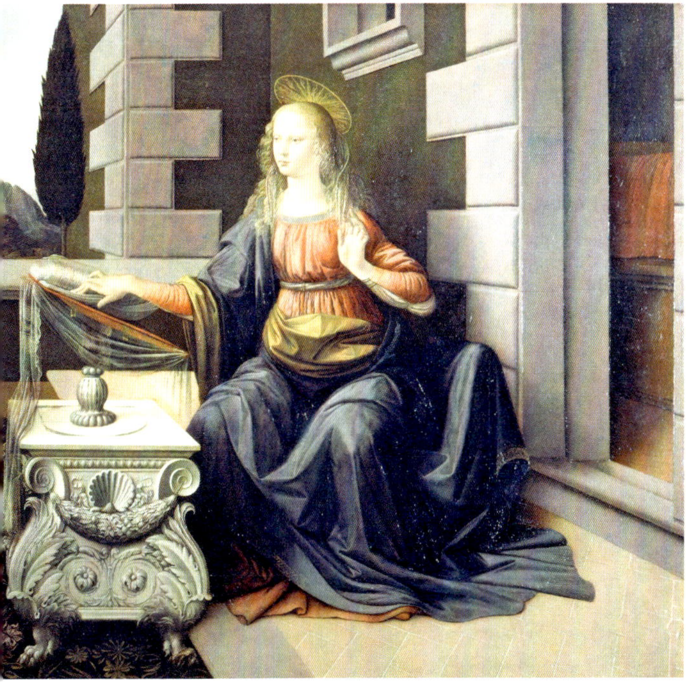

Leonardo da Vinci: »Mariae Verkündigung«, um 1472/75, Uffizien, Florenz

DIE WAHL HABEN

Was tat Maria, als der Erzengel anflatterte? Sie entschied sich als freie Frau für ein Kind. Das hätte sie nicht tun müssen, zeigt Leonardo da Vinci. So viel Respekt vor weiblicher Selbstbestimmung ist nicht selbstverständlich.

Die ersten eigenen Entscheidungen sind Momente, in denen Menschen wachsen. Als Kind zum Judo gehen statt zum Ballett. Dieses essen und jenes nicht. Irgendwann dann auch: eine Religion wählen oder ablegen, politische Meinungen entwickeln, einen Beruf finden. Sich verlieben, Sex haben. Über all diese Dinge zu entscheiden, mag nicht immer leicht sein; aber es nicht zu können, fühlt sich katastrophal an.

In den USA war das Recht auf Privatheit, *right to privacy*, immer wieder Sache des obersten Gerichts; es verhandelte im Laufe der Jahre das Recht auf einvernehmliche Partnerwahl unter Erwachsenen, das Recht zu verhüten, das Recht auf Heirat – zuerst von Menschen unterschiedlicher Hautfarbe, dann von Menschen desselben Geschlechts. 1973 entschied der Supreme Court im Urteil Roe versus Wade, dass Schwangere in einem bestimmten Zeitrahmen entscheiden dürfen, ob sie gebären oder eine Abtreibung vornehmen lassen.

Doch im Juni 2022 kippten die obersten Richter der USA das Urteil ihrer Vorgänger. Seither ist das Abtreibungsrecht wieder einzelnen Bundesstaaten überlassen, wovon republikanisch regierte Staaten eifrig Gebrauch machen. In Mississippi ist etwa ein Gesetz in Kraft, dem zufolge Frauen, die abgetrieben haben, abgesehen von wenigen Ausnahmen, mit bis zu zehn Jahren Haft bestraft werden können.

Nun geht es bei Abtreibungen außer um die Rechte der Schwangeren immer auch um jene des Fötus, was jede Gesetzgebung und Rechtsprechung abwägen muss. Dieses Dilemma aber kann nicht die Radikalität erklären, mit der zurzeit einige Richter, Politikerinnen und religiöse Eiferer in den USA und anderen Ländern wie Polen Frauen kriminalisieren, die abtreiben möchten – gleichgültig, wie jung diese sind, ob sie vergewaltigt wurden, ob die Schwangerschaft ihr eigenes Leben gefährdet oder sie sich einfach nicht imstande sehen, ein Kind großzuziehen.

Wie wenig sich diese maßlose Härte gegen Frauen, ihre Entmündigung und Beschämung rechtfertigen lässt, zeigt ein Besuch der Florentiner Uffizien. Dort hängt in einem wohltemperierten Glaskasten ein Gegenargument: das schmale, lange Gemälde der Verkündigung, das Leonardo da Vinci um 1472 in Florenz schuf. Der Maler verbeugt sich hier nicht nur vor der weiblichen Fähigkeit, Leben zu geben. Er würdigt zugleich die Wahlfreiheit der Frauen.

Leonardos Maria sitzt auf einer Veranda an einem Pult, gerade eben hat sie noch ein dickes Buch, vermutlich die Heilige Schrift, studiert. Es ist Frühling, der Garten blüht. Im Hintergrund, abgetrennt nur von einem Mäuerchen, erstreckt sich hinter einigen Bäumen eine weitläufige, flirrende Berglandschaft. Während unverheiratete Florentinerinnen der Renaissance ihre Paläste kaum verlassen dürfen, zeigt sich diese Frau mit der Welt und dem Wissen verbunden.

Man muss sich schon etwas einfallen lassen, um eine so aufrecht dasitzende, schöne und kluge Frau für sich zu gewinnen. Der Erzengel versucht es mit einem respektvollen Kniefall auf dem Gras. Mit seinen Flügeln aus Vogelfedern ist er in den Garten geflattert, sein Gesicht ist das eines Jünglings, von blonden Locken umrahmt. Mit einer weißen Lilie in der Hand, dem Symbol der Unschuld, überbringt er seine Botschaft, die eigentlich eine Frage ist: Wird Maria den Gottessohn empfangen, austragen, lieben?

Maria erhebt die Hand. Vielleicht erwidert sie den Gruß des Engels, vielleicht stoppt sie ihr Gegenüber, um erst einmal nachzudenken. Sicher aber ist auf diesem Bild sie die Herrin der Lage.

Leonardo verachtete Maler, die Maria die Entscheidung über ihre Schwangerschaft aus der Hand nahmen, indem sie den Verkündiger autoritär und einschüchternd auftreten ließen. Auf dem Bild eines Kollegen habe er einmal einen Engel gesehen, der aussah, »als wollte er Unsere Liebe Frau aus dem Zimmer verjagen«, spottete Leonardo, »und Unsere Liebe Frau sah aus, als wollte sie sich vor Verzweiflung aus einem Fenster stürzen«. Die Szene so darzustellen, davon rate er dringend ab.

Leonardo hielt es offenbar lieber mit Renaissance-Predigern wie Roberto Caracciolo da Lecce, der die Verkündigung in mehrere Phasen einteilte. Erst ist Maria demnach überrascht von dem Angebot, dann denkt sie nach, dann befragt sie den Engel und diskutiert mit ihm, bevor sie einwilligt und sich schließlich glücklich gegenüber dem Göttlichen öffnet. Einigen Renaissance-Interpreten zufolge soll sie den Erhalt ihrer Jungfräulichkeit zur Bedingung gemacht haben, bevor sie Ja sagte. Marias Schwangerschaft war so gesehen ein Verhandlungsergebnis.

In dieser humanistischen Sicht steht Maria für den Menschen an sich. Dieser ist gottesfürchtig, aber er wurde von Gott auch mit einem eigenen Willen ausgestattet, der es ihm ermöglicht und ihn dazu verpflichtet, das eigene Leben und die eigene Umwelt zu gestalten.

Maria hat ein Kind geboren. Das aber tat sie – so, wie es Leonardo darstellt – aus freien Stücken, freier als vielleicht die meisten Frauen der Vormoderne. Sie hat in ihre Schwangerschaft aktiv und verbal eingewilligt. Als das Wort Fleisch wurde, sprach nicht nur ein Gott, sondern auch eine Frau und künftige Mutter. Hätte sie Nein gesagt, wäre der schönste Heilsplan nicht aufgegangen, jedenfalls nicht mit ihr.

Wie viel Respekt Leonardo den Frauen entgegenbringt, zeigt sich in etlichen seiner Gemälde bis hin zur »Mona Lisa« im Louvre. Er feiert sie als eigenmächtige Vernunftwesen, die durch ihre Gebärfähigkeit besonders verbunden mit der Natur sind. Wo andere die Gebärfähigkeit zum Anlass nehmen, Frauen einhegen und unter Kontrolle bringen zu wollen, betont Leonardo die weibliche Souveränität. Nun schließt das in seiner Sicht sicherlich keine Abtreibungen ein. Die Grundhaltung aber ist, seiner Zeit voraus, diese: Wer gebären kann, kann auch Aussagen über das Leben treffen. Das eigene eingeschlossen.

Diese Auffassung hat auch aus christlicher Sicht Vorzüge. Was bliebe schließlich vom Christentum, wäre die Muttergottes keine freie Frau wie bei Leonardo, sondern nur passive Vollstreckerin göttlicher Wünsche wie auf so vielen anderen, vor allem älteren Verkündigungsbildern? Wie überzeugend wäre auf Dauer eine Religion, in die nicht einmal die eigene Protagonistin aktiv einwilligte?

Es ist eine Sache, heute das Lebensrecht eines Fötus zu verteidigen und Abtreibungen grundsätzlich abzulehnen. Eine andere ist es, deswegen den Frauen jede Wahlfreiheit abzusprechen, ob und mit wem sie ein Kind haben wollen, und sie unter allen Umständen zum Austragen zu zwingen. Zurzeit breitet sich ein solcher Rigorismus aus; in etlichen Ländern werden Frauen kriminalisiert und verfolgt, die sich nicht anders zu helfen wissen, als am Ende doch abzutreiben. Auf dem Spiel steht das Selbstbestimmungsrecht, und dieses ist kein Privileg, sondern ein urmenschliches Bedürfnis. Es gilt für alle Geschlechter.

Literatur:
Michael Baxandall, *Painting and Experience in Fifteenth-Century Italy*, Oxford University Press, Oxford 1988.
Antje Schrupp, *Schwangerwerdenkönnen*, Ulrike Helmer Verlag, Sulzbach 2019.
Kia Vahland, *Leonardo da Vinci und die Frauen. Eine Künstlerbiographie*, Insel Verlag, Berlin 2019.

EINHEIT IN VIELFALT

In seinem wohl berühmtesten Werk stellt Rembrandt ein Bündnis stolzer Individuen vor, die gemeinsam ihre Freiheit verteidigen wollen und der autoritären Versuchung trotzen.

Wie können freie Gesellschaften ihren Zusammenhalt organisieren? Das mag eine der Fragen sein, die über die Zukunft des Kontinents und darüber hinaus entscheiden. Wollen die europäischen Demokratien Diktaturen entgegentreten, so ist dies ein Hebel: sich nicht spalten lassen. Und wenn im eigenen Land Rechtsradikale nach dem Ruder greifen, können alle anderen einander unterstützen, von Klimaaktivisten über Sozialdemokratinnen bis zu Konservativen. Was nicht bedeutet, dass sie sich nicht mehr streiten dürfen, das müssen sie sogar, schließlich leben Demokratien von Auseinandersetzungen. Es bedeutet, eine Gemeinschaft unterschiedlich denkender, selbstbestimmter Menschen zu bilden, die sich gegen autoritäre Anmaßungen behauptet. Nicht immer gelingt das. Weil die antifaschistischen Kräfte in Italien bei der nationalen Wahl 2022 nicht als Liste antraten, triumphierte die Postfaschistin Giorgia Meloni. Ein links-bürgerliches Bündnis hätte diese Regierungschefin verhindern können und mit ihr auch ein rückwärtsgerichtetes Programm, das sich etwa gegen Migranten und die Vielfalt der Lebensformen richtet.

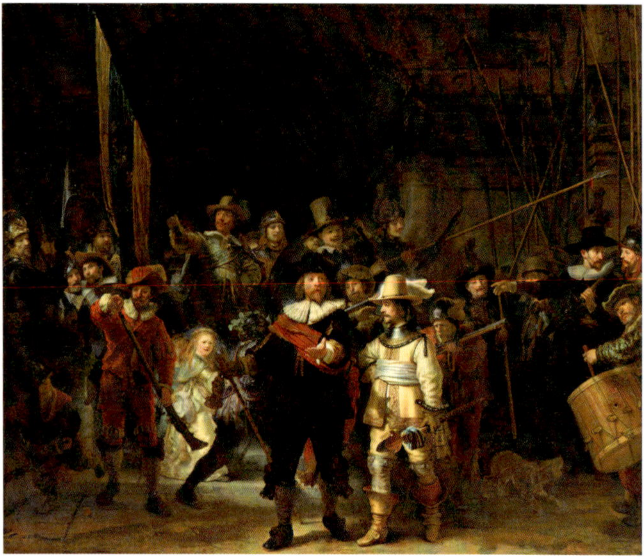

Rembrandt: »Die Nachtwache«, 1642, Rijksmuseum, Amsterdam

Auch wenn es kontraintuitiv erscheinen mag: Zusammenschlüsse über Differenzen hinweg bedeuten ein Mehr, kein Weniger an Macht. Jedenfalls dann, wenn man Macht nicht bloß als momentanen strategischen Vorteil versteht, sondern als etwas, das erst erwächst aus »der menschlichen Fähigkeit, nicht nur zu handeln oder etwas zu tun, sondern sich mit anderen zusammenzuschließen und im Einvernehmen mit ihnen zu handeln«. So definierte die Philosophin Hannah Arendt Macht und grenzte sie von staatlicher Gewaltausübung ab.

Die europäische Geschichte kennt Tyrannei in diversen Formen, sie kennt aber auch diese Energie kollektiven Handelns. Davon erzählt Rembrandts wohl berühmtestes Gemälde, die »Nachtwache« von 1642, heute das Hauptwerk im niederländischen Rijksmuseum.

Es waren die *kloveniers,* die Büchsenschützen des zweiten Amsterdamer Bezirks, die Rembrandt um das Gemälde baten. Bürgerwehren wie diese arbeiteten damals nebenberuflich, hier trafen sich Kaufleute und Amtsträger und demonstrierten den Verteidigungswillen ihres Gemeinwesens. Für Rembrandts großes Gemälde legten die *kloveniers* viel Geld zusammen, denn es wurde zur Dekorierung des Hauptquartiers der Schützengilde in Auftrag gegeben. Diejenigen, die vorne zu sehen sein sollten, mussten mehr bezahlen als jene im Hintergrund. Wahrscheinlich erwarteten die 16 Männer ein Bild, das sie fein aufgereiht mit ihren gleichförmigen weißen Schmuckkrägen zeigen würde. Ganz offenkundig wollte Rembrandt aber mehr: vom Stolz der Bürgerstadt Amsterdam erzählen, die ohne König, ohne Fürstin auskam. Ihn interessierte das Zusammenspiel starker Individuen, die gemeinsam ihre Freiheit verteidigen.

Kapitän Frans Banninck Cocq, der Chef der Truppe mit roter Schärpe, tritt in der Mitte des Gemäldes auf die Betrachtenden zu und streckt ihnen die Hand entgegen – auch wir sind eingeladen mitzumachen. Ausgerüstet nur mit einem teuren Rattanstab, erklärt der Anführer die Lage uns und dem Mann in gelbweißem Lederrock neben ihm, Leutnant Willem van Ruytenburch. Auch der tritt lieber elegant als martialisch auf; seine schmückende Stoßwaffe zeigt lediglich die Richtung an, in die es geht: immer nach vorne!

Auf den ersten Blick ist es eine Chaostruppe, welche die beiden zusammenhalten müssen. Es wird durcheinandergerufen, geballert und musiziert, manch einer muss erst noch sein Gewehr in Anschlag bringen, und die Lanzen stehen nicht in Reih und Glied.

Auf den zweiten Blick aber kommunizieren die Schützen miteinander, jeder bringt sich auf seine Art ein. Der Standartenträger hat keinen schweren, aber im Kriegsfall einen gefährlichen Job, weil er vorausgehen muss – weswegen nur unverheiratete Männer ausgewählt werden, in diesem Fall der belesene Kaufmann Jan Visscher Cornelisen. Er schwenkt die Fahne beinahe in derselben Diagonalen, in der die Schärpe seines Kapitäns verläuft – und verlängert so optisch dessen Willen.

Das Rot der Schärpe findet sich zudem in der leuchtenden Kleidung des Schützen Jan van der Heede wieder, der unter dem Banner noch etwas unbeholfen – oder einfach nur gründlich – sein Gewehr lädt. Auch er zeigt sich so mit dem Chef verbunden. Diese Verteidiger aus Überzeugung und ohne Uniform mögen Individualisten sein, Einzelkämpfer sind sie nicht.

Sie sind bei Rembrandt kein elitärer Haufen. Der Maler hat in sein Bild den Trommler Jacob Jorisz eingeladen, einen Mann, dessen Jahresgehalt nicht einmal halb so hoch war wie das, was jeder der anderen Dargestellten dem Maler an Honorar zahlen musste. Jorisz gibt als Randfigur allen den Takt vor, sogar einen Hund bringt er mit seinen Klängen zum Tanzen. Und sein Trommlerstock verlängert visuell die Spieße der Kollegen rechts oben: Er ist einer von ihnen.

Keine stramme Disziplin, sondern respektvolle Gruppendynamik ist das Erfolgsrezept der Kompagnie – vielleicht nicht in der Realität, aber in Rembrandts Fantasie. So besonders ist jedes Mitglied seiner Gemeinschaft, dass auch das engelsgleich hell gekleidete Mädchen zwischen den Männern nicht ungewöhnlich wirkt. Sie hat sich einen Schießpulversack umgehängt und trägt ein totes Huhn spazieren, denn das Wort *kloveniers* erinnert auf Holländisch an die Klauen des Federviehs. Harmlos ist hier niemand. Besser, man legt sich mit dieser Truppe nicht an.

Das gilt auch für den Maler, der sich wohl rechts hinter dem Standartenträger zeigt: als teilnehmender Beobachter, von dem nur ein Auge unter einer Kappe hervorblitzt. Rembrandt, der als Eigenbrötler galt, hat sich auch selbst eine dynamische, freundliche und starke Gemeinschaft erschaffen, in der jeder sein darf, wie er oder sie ist.

Die Amsterdamer Büchsenschützen wussten, dass Frieden keine Selbstverständlichkeit ist und aus ihrem Ehrenamt schnell Ernst werden konnte – die nördlichen Niederlande hatten sich von der spanischen Herrschaft losgesagt, und diese Auseinandersetzung war noch nicht ausgestanden, als die »Nachtwache« entstand (erst sechs Jahre später wurde im Westfälischen Frieden die Unabhängigkeit der Region festgeschrieben).

Die gut betuchten Kaufleute verdankten ihren Wohlstand vor allem dem Glück des richtigen Geburtsortes, der Sklaverei und der Ausbeutung von Rohstoffen in Übersee. Ihren persönlichen Gestaltungsspielraum aber bewahrten sie, indem sie der spanischen Krone und damit der autoritären Versuchung widerstanden.

Rembrandts Vision eines kreativen Durch- und Miteinanders spiegelt vielleicht nicht den Alltag in der Kompagnie. Sie ermutigt aber auszuprobieren, wie das gehen könnte: sich zusammenzutun, ohne sich selbst dabei zu verlieren.

Literatur:

Hannah Arendt, *Macht und Gewalt*, Piper Verlag, München 1970.
Volker Manuth, Marieke de Winkel, Rudie van Leeuwen (Hg.), *Rembrandt. Sämtliche Gemälde*, Taschen Verlag, Köln 2019.

BILDNACHWEIS

akg-images, Berlin: Seite 26 (National Gallery Global Limited), 90
Artothek, Fürth: 38
Bayerische Staatsgemäldesammlungen – Alte Pinakothek München: 44, 64
bpk, Berlin: 12 (Alfredo Dagli Orti), 70 (Roman März/Nationalgalerie, SMB), 50 (Scala)
Kunsthistorisches Museum Wien, Gemäldegalerie: 32 (© KHM-Museumsverband)
Rijksmuseum, Amsterdam: 20, 98
Sammlung Jüdisches Museum Amsterdam: 84 (© Charlotte Salomon Foundation)
Wikimedia Commons: 56, 78

Erste Auflage 2023. Originalausgabe © Insel Verlag Anton Kippenberg GmbH & Co. KG, Berlin, 2023. Alle Rechte vorbehalten. Wir behalten uns auch eine Nutzung des Werks für Text und Data Mining im Sinne von § 44b UrhG vor. Bezugspapier: Wassily Kandinsky, Impression III (Detail), 1911, Städtische Galerie im Lenbachhaus, München, Foto: Artothek, Fürth. Gesetzt in der Schrift Swift Neue LT Pro. Gedruckt auf holzfreies, alterungsbeständiges mattgestrichenes Papier der Firma Inapa, Hamburg, von der Memminger MedienCentrum AG, Memmingen. Gebunden in Fadenheftung von der Conzella Verlagsbuchbinderei GmbH & Co. KG, Aschheim-Dornach. Dieses Buch wurde klimaneutral produziert: climatepartner.com/14438-2110-1001. Printed in Germany. ISBN 978-3-458-19528-3. www.insel-verlag.de